L'ACCOMPAGNEMENT DES PERSONNES HANDICAPÉES MENTALES

Collection
Technologie de l'action sociale

Cette nouvelle collection met à la disposition des organismes, des praticiens et des enseignants des outils scientifiques et techniques de l'intervention sociale, parmi les plus récents, les plus significatifs et les plus fondamentaux, fréquemment utilisés à l'étranger mais souvent méconnus en France.
Elle est dirigée par Jean-Marc DUTRENIT, Professeur à l'Université de Lille III, IUT Carrières Sociales.

Chaque volume présente des méthodes et techniques immédiatement utilisables par l'étudiant, le gestionnaire, le praticien ou le professeur.

© L'Harmattan, 1994
ISBN : 2-7384-2411-2

Collection dirigée par Jean Marc DUTRENIT

PHILIPPE CASPAR

L'ACCOMPAGNEMENT DES PERSONNES HANDICAPÉES MENTALES

Un dispositif social et multidimensionnel

Éditions L'Harmattan
5-7 rue de l'École-Polytechnique
75005 Paris

Du même auteur

L'individuation des êtres : Aristote, Leibniz et l'immunologie contemporaine, Paris-Namur, Culture et Vérité, Le Sycomore, 1985, Prix Cardinal Mercier 1989 de l'Université Catholique de Louvain
La saisie du zygote humain par l'esprit, Paris-Namur, Lethielleux, Culture et Vérité, 1987
Penser l'embryon d'Hippocrate à nos jours, Paris, Editions Universitaires, Penser la vie, 1991
Le Voyage de Mozart à Prague, spectacle théâtral, Bruxelles, Philippe Caspar Editeur, 1991 (Création : Nuit de Beloeil 1991)
Il Combattimento di Tancredi e Clorinda, spectacle théâtral d'après le Madrigal de Monteverdi (1624), Bruxelles, Les Eperonniers, coll. Théâtre, 1992 (Création : Nuit de Beloeil 1992)

Sous presse
Le peuple des silencieux. Une histoire de la déficience mentale, Paris, Fleurus, coll. Pédagogie psychosociale, septembre 1994
Miserere, recueil de poésie, Ecaussines, Jacques Dapoz Editeur, juin 1994
Robert Schumann, aux confins de la Nuit, spectacle théâtral, La Nuit de Beloeil Edition, 1994

A paraître
Le rapport de l'homme à la nature : philosophie de la "phusis" - anthropologie et christologie, Namur, Éditions du Sycomore, 1994
La dernière croisade, portrait de Christophe Colomb, drame historique en cinq actes (et un prologue)
L'eschatologie de l'embryon humain : traduction nouvelle et commentaire des paragraphes 85-87 de l'Enchiridion et des passages correspondants de La cité de Dieu, d'Augustin, in *Les Pères de l'Eglise et l'embryon humain*, sous la direction de M.-H. Congourdeau, Paris, Migne, coll. Les Pères dans la foi

Avant-Propos

Ce livre est consacré à l'Accompagnement, une "Stratégie d'intervention" auprès des personnes adultes mentalement déficientes.

La méthode, qui a vu le jour en Europe occidentale à la fin des années soixante-dix, connaît actuellement une extension considérable. Les Services d'Accompagnement se multiplient en effet dans tous les pays de la Communauté.

Cette Stratégie originale est toutefois à la recherche d'une référence à la fois théorique et pratique.

Celle-ci pourrait lui être fournie par le "Dispositif-CARAT en Accompagnement", fondé en 1977 par Pierre Leboutte et Marie-Noël Auriol. Cette structure est reconnue Projet-Pilote par le Fonds Social Européen depuis 1983. Nous avons voulu, dans cet ouvrage, nous limiter à la description de ce dispositif, parce que nous estimons qu'il peut jouer un rôle déterminant dans la prise de conscience, par la méthode d'*Accompagnement*, de son identité propre.

Le présent ouvrage prolonge également la lecture que nous avons donnée de la gestion du problème du handicap par la culture occidentale depuis l'Antiquité gréco-romaine dans *Le peuple des silencieux. Une histoire de la déficience mentale*, Paris, Fleurus, à paraître prochainement.

Que Pierre Leboutte et Marie-Noël Auriol trouvent dans ces lignes l'expression de mes remerciements pour le soutien constant dont ils m'ont assuré, en toutes circonstances, pour la réalisation des recherches, des études et des démarches nécessitées par l'écriture et la mise au point de ce livre.

Introduction

A la fin du XXème siècle, la déficience mentale *chez l'adulte* sort de l'oubli. Elle fait à nouveau l'objet de nombreuses recherches. Ce renouveau n'a rien de surprenant : cette pathologie affecte deux à trois personnes sur cent dans les pays développés. Il s'agit donc d'un problème de santé publique particulièrement important.

Jusqu'il y a une bonne trentaine d'années, la déficience mentale *chez l'enfant* seule était bien connue. La clinique neuropédiatrique a ainsi décrit un grand nombre de syndromes associés. Par ailleurs, les champs de recherche concernant le substrat organique de cette pathologie ont connu un développement extraordinaire : la neurobiochimie, la neuroanatomie, la génétique et la biologie moléculaire, notamment, ont permis d'élucider certains aspects de la déficience mentale.

L'apport de ces deux dernières disciplines soulève d'ailleurs des problèmes éthiques difficiles. En effet, la localisation des lésions chromosomiques en cause dans un certain nombre de cas soulève les questions du diagnostic prénatal, de l'avortement et de l'eugénisme. Malgré des résultats parfois spectaculaires en provenance de la recherche, le bilan thérapeutique est relativement décevant. En dehors de certains cas isolés (notamment, la prévention de la déficience mentale et, parfois, d'un tableau autistique par un régime approprié chez les nourrissons atteints de phénylcétonurie), la médecine moderne n'a pas encore proposé une réponse concrète à ce problème de santé.

Une approche tout à fait différente de ce problème est apparue après la Seconde Guerre mondiale avec les "Stratégies d'intervention"[1]. Leur objectif est de favoriser l'intégration de ces personnes dans des milieux aussi normaux que possible. Citons notamment la Normalisation[2], le Plan de services individualisé[3] et la Théorie de la Valorisation des Rôles sociaux[4].

Ces initiatives ne furent sans doute pas étrangères à la promulgation de la Déclaration du 20 décembre 1971 des Droits du Déficient Mental, par l'Organisation des Nations Unies[5]. Ce texte applique aux hommes et aux femmes mentalement déficients les principes fondamentaux qui animaient la *Déclaration universelle des Droits de l'Homme*, de décembre 1948.

Depuis la fin des années soixante-dix, plusieurs pays d'Europe communautaire ont vu paraître sur leur sol de nombreuses structures ouvertes se réclamant d'une nouvelle Stratégie d'intervention, l'Accompagnement. Signe de l'importance croissante de cette méthode neuve : le mouvement M.A.I.S. (Mouvement pour l'Accompagnement et l'Insertion Sociale) a organisé en mai 1992 le premier Congrès européen de l'Accompagnement, réunissant des spécialistes issus de France, du Grand-Duché de Luxembourg, d'Ecosse, de Grande-Bretagne, d'Allemagne et de Belgique[6].

Toutefois, si l'Accompagnement semble promis à un bel avenir sur le vieux continent, il est encore à la recherche de conceptualisation. Le présent essai a pour ambition de contribuer à combler cette lacune dans la littérature. Il est rédigé à partir d'une expérience particulièrement originale, le "Dispositif-CARAT en Accompagnement", fondé en 1977 et développé par Marie-Noël Auriol et Pierre Leboutte, et reconnu Projet-Pilote par le Fonds Social Européen depuis 1983[7].

Rappelons que la Communauté française de Belgique vient d'adopter un Décret qui fixe le statut et la mission de cette Stratégie[8].

Le présent essai est divisé en trois parties.

La première expose synthétiquement l'approche de la déficience mentale par la médecine moderne et met l'accent sur les perspectives ouvertes par la *Classification internationale des handicaps : déficiences, incapacités et désavantages* (1980), de l'Organisation Mondiale de la Santé. Elle expose également le concept moderne de "Stratégie d'intervention" et en présente les principales : la Normalisation, le Plan de services individualisé et la Théorie de la Valorisation des Rôles sociaux.

La deuxième partie de cet ouvrage est entièrement consacrée à la description du "Dispositif-CARAT en Accompagnement". Trois chapitres exposent respectivement la méthode préconisée par cette association, quelques outils d'Accompagnement mis au point par l'Equipe et les enjeux éthiques de cette "Stratégie d'intervention".

La troisième partie de cet essai s'attachera à montrer le fonctionnement du "Dispositif-CARAT en Accompagnement" à travers la présentation de la cellule *Temps Libre* (chapitre 6) et l'étude de quelques cas (chapitres 7, 8 et 9).

PREMIERE PARTIE

Approche médicale et "stratégies d'intervention"

Cette première partie présente la manière dont la déficience mentale est actuellement appréhendée par les sciences neuropsychiatriques. Elle comprend deux chapitres.

Le premier présente les principales tendances qui se manifestent dans la définition de cette pathologie par le monde médical actuel, à travers notamment les développements de la neuropédiatrie. En bref, les progrès de cette discipline permettent aujourd'hui aux praticiens de poser dès le stade embryonnaire un diagnostic précis sur le soubassement organique de la déficience mentale. L'approche neuropédiatrique tend à devenir de plus en plus organiciste dans le contexte réel de cette pathologie (*Classification internationale des handicaps : déficiences, incapacités et désavantages*, 1980).

Le second chapitre présente brièvement le concept moderne de "Stratégie d'intervention". L'objectif des méthodes est de permettre aux jeunes adultes mentalement déficients de mener une vie aussi normale que possible dans leur milieu socio-professionnel.

Chapitre 1

L'APPROCHE CLINIQUE MODERNE DE L'INSUFFISANCE MENTALE

Il est un fait significatif : dans les classiques de médecine moderne, la déficience mentale est traitée *in extenso* en neuropédiatrie. C'est dans ce cadre privilégié que sont présentées les questions d'étiologie, de clinique, de diagnostic, de maladies associées (principalement l'épilepsie) et, plus récemment, d'éthique.

Quatre lignes de force peuvent être dégagées.

Tout d'abord, la clinique neuropédiatrique a multiplié les descriptions de syndromes - fréquents ou rares - dans lesquels une déficience mentale est décelée.

Ensuite, le développement remarquable des outils de diagnostic (successivement cliniques, radiologiques, biochimiques et, tout récemment, génétiques) a permis d'établir des corrélations entre l'insuffisance mentale et certaines anomalies du système nerveux central. Ces progrès ont permis de mieux distinguer les déficiences d'origine organique de celles d'origine socio-culturelle.

En troisième lieu, certaines équipes ont mis au point des outils d'évaluation dans le champ des maladies neuropsychologiques. C'est particulièrement net dans le cas de l'autisme de Kanner, qui est généralement associé à un degré variable de déficience mentale.

Enfin, le développement des techniques de "mappage génétique" a permis la progression du diagnostic prénatal. Rarement la tentation - mais aussi la pratique - d'éliminer les embryons déficients n'a été aussi grande dans l'histoire occidentale. Il s'agit là de l'une des interrogations les plus vives qui soient adressées à la conscience morale des hommes en cette fin du XXème siècle.

1. La déficience mentale : définition, classification et prévalence

La clinique neuropédiatrique moderne définit la déficience mentale comme :

"une insuffisance stable et définitive du développement intellectuel qui interdit une intégration sociale normale.[9]"

Cette définition s'inspire des travaux les plus récents en ce domaine, dont ceux de l'*Association Américaine de la Déficience Mentale (A.A.D.M.)* [10], la *Classification Internationale des Maladies* proposée par l'Organisation Mondiale de la Santé (1975)[11] et le Manuel International de Diagnostic en Psychiatrie, le DSM-III[12].

Selon l'approche définie par l'A.A.D.M., le concept de déficience mentale intègre trois facettes étroitement liées les unes aux autres : a) un fonctionnement intellectuel sensiblement inférieur à la moyenne; b) une mauvaise adaptation de l'individu aux différentes contraintes sociales; c) des premiers symptômes survenant durant la période développementale.

Le repérage d'une insuffisance mentale chez le jeune enfant peut être relativement aisé. Le nourrisson atteint manifeste peu d'intérêt pour son entourage; la faiblesse du contact et de la poursuite oculaire, l'absence, après cinq à six mois, d'une préhension volontaire (alors qu'il n'existe aucun signe de déficit moteur), un périmètre crânien inférieur à la normale de trois "déviations-standard", sont autant de signes révélateurs[13].

Sa mesure pose des difficultés théoriques et pratiques plus grandes. Comme Henri Bergson l'avait fait observer dès ses premiers ouvrages, l'intelligence est une faculté par nature rebelle à la mesure. Cette remarque correspond aux réalités du terrain. Chaque professionnel de la déficience mentale, qui vit donc en contact avec des enfants, des adolescents ou des adultes, connaît des filles et des garçons manifestement déficients sur le plan intellectuel mais capables d'une ingéniosité étonnante pour atteindre les buts qu'ils se sont fixés. Le problème de la mesure de l'intelligence est ancien. Il n'a toujours pas trouvé de solution satisfaisante. Faute de mieux, les manuels actuels recourent toujours au concept de Quotient Intellectuel (Q.I.).

L'origine de cette notion de Q.I. remonte à une bonne centaine d'années. La mesure de l'intelligence faisait alors partie des objectifs de la dernière période de l'Ecole médico-pédagogique. Kraepelin et Sommer furent les premiers à aborder cette question. Tous deux avaient imaginé de tester l'intelligence de leurs patients par des épreuves de connaissances pratiques. Ils furent toutefois incapables d'obtenir une échelle de mesure crédible.

Les premières mesures fiables de l'intelligence furent proposées par Binet et Simon, deux médecins français. Né à Nice en 1857, Alfred Binet publie deux ouvrages en 1886, *La psychologie du raisonnement* et *Le Magnétisme animal*. Treize ans plus tard, en 1893, il fonde l'une des plus grandes revues de psychologie d'expression française, *L'Année psychologique*. Privé d'une carrière universitaire, il se lie d'amitié avec un jeune médecin d'institution, Théodore Simon, qui travaillait à la Colonie d'Enfants arriérés de l'Asile de Perray-Vaucluse. A travers cette structure d'hébergement, Binet découvre les difficultés concrètes du travail quotidien avec ces enfants. Sa collaboration avec Simon débouche sur la mise au point d'un ensemble de tests permettant de mesurer le Niveau Mental (N.M.) des enfants[14].

Leur approche de ce problème est à la base de tout ce qui se fera en cette matière durant le XXème siècle. Le concept de Quotient Intellectuel (Q.I.) comme tel fut introduit par Lewis M. Terman. Ce dernier avait construit une échelle établissant le rapport entre l'âge mental et l'âge chronologique.

Le Q.I. normal se définit comme le rapport

$$\frac{\text{âge mental}}{\text{âge réel}} * 100$$

Le Q.I. est mesuré à l'aide de plusieurs tests d'intelligence, passés individuellement. On admet couramment qu'une personne souffre d'un retard mental lorsque le Q.I. mesuré est inférieur à 70, et ce en admettant une erreur de mesure de cinq points. L'une des critiques le plus souvent adressées à la méthode du Q.I. est sa non-adaptation aux différentes cultures. Les tests ne varient guère selon qu'ils sont pratiqués en Amérique du Nord, dans les pays de la Cordillère des Andes ou en Inde. De nombreux spécialistes lui reprochent par conséquent de ne pas tenir toujours compte de la relation entre la déficience mentale et l'inadaptation sociale (et, donc, culturelle) de la personne. Les tests utilisés accordent en revanche une grande importance aux "mesures du comportement adaptatif", qui tiennent davantage compte de la composante sociale de cette pathologie. Les critiques adressées à la notion de Q.I. ont par ailleurs suscité le développement de différentes échelles d'évaluation.

Quoi qu'il en soit, le Q.I. permet aujourd'hui encore de classer commodément l'insuffisance mentale selon ses degrés de profondeur (Tableau 1)[15] :

a. *Retard mental léger* : ce premier sous-groupe couvre soixante-quinze pour cent de la population totale des déficients mentaux. Les personnes atteintes de ce type de retard ne présentent pas de retard social dramatique durant leur jeune enfance; elles peuvent généralement suivre les cours de l'école primaire jusqu'à l'âge de dix ans; à l'âge adulte, elles trouvent souvent une insertion professionnelle adéquate qui leur assure des revenus suffisants. Elles doivent cependant être aidées à l'occasion de stress importants dans le domaine social ou économique.

b. *Retard mental moyen* : les jeunes enfants atteints de ce type de retard peuvent parler et communiquer durant la période préscolaire; ils rencontrent toutefois des difficultés d'intégration sociale; plus tard, ils ont besoin d'un enseignement spécial; ils peuvent apprendre à se déplacer seuls; à l'âge adulte, ils peuvent également trouver un travail (le plus souvent en atelier protégé); ils sont plus vulnérables au stress et doivent par conséquent être davantage encadrés.

Tableau 1 : *Classification et distribution de la déficience mentale*

Forme d'arriération	Q.I.	Proportion (en %)
Profonde	0-20	5
Sévère	20-35	20
Moyenne	35-50	
Légère	50-70	75

D'après *L'arriération mentale : un défi à relever*, Organisation Mondiale de la Santé, Genève, 1986, p. 9.

c. *Retard mental sévère* : avant l'âge de cinq ans, on observe des troubles dans le développement moteur, dans le langage (qui reste restreint) et dans les facultés de communication. Plusieurs auteurs notent la fréquence des troubles neurologiques associés (épilepsie, infirmité motrice cérébrale, troubles visuels ou auditifs) ou de comportement (syndrome hyperkinétique, stéréotypies gestuelles, comportement obsessionnel ou autistique). L'âge scolaire est souvent le temps de l'apprentissage des notions élémentaires d'hygiène. En règle générale, ces personnes se révèlent incapables de suivre une formation, même adaptée. A l'âge adulte, elles peuvent accomplir des tâches simples sous surveillance étroite.

Ces deux derniers sous-groupes couvrent vingt pour cent de la population totale des déficients mentaux.

d. *Retard mental profond* : ce quatrième sous-groupe représente cinq pour cent de la population totale. Les troubles sensorimoteurs sont importants en âge préscolaire. Ces enfants ont constamment besoin d'un environnement très structuré. Ce dernier permet certaines formes d'autonomie dans certains secteurs de la vie quotidienne.

Un point de vocabulaire doit être précisé. La terminologie de la littérature prête en effet à confusion. Les deux principales organisations internationales, l'I.A.S.S.M.D. et l'I.L.S.M.H., utilisent des termes différents : déficience mentale pour la première, handicap mental pour la seconde. Pour sa part, l'Organisation Mondiale de la Santé recourt aux termes d'arriération mentale ou de retard mental[16]. Signalons dès à présent que ces différents termes ont été situés les uns par rapport aux autres par la *Classification internationale des Handicaps : déficiences, incapacités et désavantages*, de 1980 (voir paragraphe 3).

La pathologie du retard mental est plus fréquente qu'on ne le pense. Les études épidémiologiques s'accordent aujourd'hui pour estimer que la déficience mentale légère atteint deux à trois personnes sur cent dans les pays développés. Le retard mental grave (caractérisé par un Q.I. inférieur à 50) toucherait, quant à lui, entre trois et quatre personnes sur mille. Cette fréquence est stable dans le temps.

2. L'étiologie de la déficience mentale

Plusieurs causes sont à l'origine de la déficience mentale. En pratique, on s'accorde à reconnaître une étiologie différente selon que l'on se trouve devant une forme légère ou une forme grave.

2. 1. L'insuffisance mentale profonde

Les causes les plus fréquentes de l'insuffisance mentale profonde sont les suivantes (Tableau 2):

- Prénatales (survenant pendant la grossesse) : ce premier groupe couvre soixante-quatorze pour cent des cas. Ce sont les malformations génétiques (aberrations chromosomiques, troubles monogéniques ou troubles multigéniques), des intoxications de la mère durant la gestation et des méningo-encéphalites du foetus. La trisomie du chromosome 21, encore appelée mongolisme, appartient à cette première catégorie de causes du retard mental.

- Périnatales (survenant autour de la naissance) : ce deuxième groupe couvre dix pourcents des cas. Ce sont les différents types d'accidents hémorragiques survenant durant l'accouchement.

- Postnatales (survenant après la naissance) : ce troisième groupe couvre cinq pour cent des cas. Ce sont la malnutrition (encore faut-il préciser que ce facteur peut survenir pendant la grossesse), les méningo-encéphalites, certaines formes d'épilepsie, de traumatismes crânio-cérébraux et les déshydratations aiguës du nouveau-né.

Précisons qu'aucune étiologie ne peut être trouvée dans environ onze pour cent des cas.

Tableau 2 : Etiologie de la débilité mentale profonde

Causes prénatales	74 %
Aberrations chromosomiques	
Trisomie 21	
Maladies métaboliques	
Malformations cérébrales	
Intoxications maternelles	
Encéphalites foetales	
Inconnues	
Causes périnatales	10 %
Causes postnatales	5 %
Méningites	
Encéphalites	
Etat de mal convulsif	
Traumatismes crânio-cérébraux	
Déshydratations aiguës graves	
Causes inconnues	11 %

D'après Gilles Lyon et Philippe Evrard, *Neuropédiatrie*, Paris, Masson, 1987, p. 388.

Une constatation découle de la lecture de ce tableau : de nombreux cas d'insuffisance mentale profonde peuvent être prévenus. C'est le cas de la plupart des causes périnatales et postnatales. Un bon exemple est fourni par les déshydratations aiguës du nouveau-né. Elles sont très fréquentes dans les pays en voie de développement et elles ne doivent qu'au manque de moyens des médecins locaux d'être responsables de troubles chroniques (parmi lesquels figure la déficience mentale).

La prévention des cas d'insuffisance mentale d'origine prénatale pose souvent, on le sait, des problèmes éthiques. C'est le cas des malformations chromosomiques génétiques pour lesquelles un diagnostic prénatal est possible. En revanche, les intoxications maternelles et les méningo-encéphalites foetales peuvent dans certains cas être prévenues.

2.2. L'insuffisance mentale légère

Les causes de l'insuffisance mentale légère sont plus difficiles à cerner. Les auteurs s'accordent pour lui attribuer deux types principaux de cause : des lésions organiques et des carences de l'environnement socio-culturel[17].

Deux causes organiques revêtent une importance particulière : le syndrome de l'alcoolisme foetal et le syndrome du chromosome X.

Les enfants atteints d'un syndrome d'alcoolisme foetal naissent d'une mère alcoolique. Ils présentent plusieurs malformations, un Q.I. tournant autour de 60, un syndrome hyperkinétique et des troubles de coordination. La gravité des lésions foetales semble liée à la quantité d'alcool ingéré par la mère[18].

Le syndrome du chromosome X[19] est bien plus intrigant sur le plan génétique. Découvert à la fin des années soixante par deux médecins indépendants l'un de l'autre, l'américain Lubb et l'australien Sutherland, il est responsable d'un tableau clinique comprenant des malformations physiques, une insuffisance mentale et des troubles caractériels fréquemment associés. Ce syndrome chromosomique fait l'objet de recherches intensives sur le plan génétique depuis une bonne vingtaine d'années. Certains résultats ont été récemment obtenus (voir Supplément bibliographique). Signalons également que la transmission de cette lésion chromosomique est gouvernée par un certain nombre de paradoxes.

Parmi les causes liées à l'environnement socio-économique, on retient particulièrement :
- la pauvreté
- la multiparité
- le rapprochement des naissances
- le surpeuplement

- une maladie mentale ou physique des deux parents
- un retard mental des deux parents
- le faible niveau d'instruction des parents
- une enfance passée dans un orphelinat ou dans une institution mal tenus

Enfin, près de cinquante pour cent des cas d'insuffisance mentale légère ne peuvent être mis en relation avec une étiologie précise. Il y a probablement dans ces situations une intrication de lésions organiques fines et de facteurs socio-économiques.

3. Une nouvelle approche de la déficience mentale. Le point de vue de la *Classification internationale des Handicaps : déficiences, incapacités et désavantages* (1980)

Nous l'avons dit, la définition de l'insuffisance mentale a subi un changement radical avec la publication, en 1980, de la *Classification internationale des Handicaps : déficiences, incapacités et désavantages*. Ce manuel de classification, prenant rigoureusement en compte les conséquences des maladies et coordonné par le Docteur Ph. Wood, de l'Université de Manchester, est publié sous l'égide de l'Organisation Mondiale de la Santé[20].

La caractéristique principale de ce texte est sa volonté de considérer la maladie (ou le trouble) du point de vue de l'intégralité de la personne humaine. De ce fait, la *Classification* prend le contre-pied de la médecine technologique dont l'émiettement est souvent préjudiciable. C'est ainsi que la *Classification* ne s'intéresse pas seulement à la seule description des problèmes ; elle tient également compte de leurs conséquences sociales. L'intuition de base réside dans l'articulation proposée entre les concepts de déficience, d'incapacité et de désavantage. Dans les cas les plus simples, une maladie (ou un traumatisme) - par exemple, une polyarthrite rhumatoïde - entraîne la déficience d'un organe (en l'occurrence, certains éléments du système locomoteur); celle-ci peut être à l'origine d'un désavantage socio-économique (Tableau 3).

Tableau 3 : Les différents niveaux de la personne handicapée où se posent les problèmes

Du point de vue objectif	Du point de vue subjectif
Causes	Maladies/traumatismes
Organes	Déficiences
Comportements/Activités	Incapacités
Rôles sociaux/ Environnement	Handicaps

Il nous reste maintenant à présenter brièvement les concepts de déficience, d'incapacité et de désavantage.

La déficience : *"Dans le domaine de la santé, la déficience correspond à toute perte de substance ou altération d'une fonction ou d'une structure psychologique, physiologique ou anatomique"*. Une déficience affecte la constitution même de l'individu. Cela signifie une perte de substance, par exemple l'amputation d'une jambe. En d'autres termes, la déficience décrit une déviance par rapport à une certaine norme biomédicale de l'individu. Elle peut être congénitale ou acquise, permanente ou définitive.

La *Classification internationale* distingue neuf catégories de déficience. Ce sont les :
1. déficiences intellectuelles
2. autres déficiences du psychisme
3. déficiences du langage et de la parole
4. déficiences auditives
5. déficiences de l'appareil oculaire
6. déficiences des autres organes
7. déficiences du squelette et de l'appareil de soutien
8. déficiences esthétiques
9. déficiences des fonctions générales, sensitives ou autres

L'incapacité : *"Dans le domaine de la santé, une incapacité correspond à toute réduction (résultant d'une déficience), partielle ou totale, de la capacité d'accomplir une activité d'une façon, ou dans des limites considérées comme normales pour un être humain."*

Le concept d'incapacité vise donc le niveau de performance que l'on est en droit d'attendre d'un individu pris dans son intégralité. Il est évident que les pertes de fonction causées par les déficiences diminuent les performances quotidiennes de l'individu. Ce dernier peut être reconnu incapable d'effectuer certaines tâches avec un rendement jugé normal pour d'autres personnes. L'incapacité peut être congénitale ou acquise, permanente ou définitive.

On distingue neuf catégories d'incapacité :

1. les incapacités concernant le comportement
2. les incapacités concernant la communication
3. les incapacités concernant les soins corporels
4. les incapacités concernant la locomotion
5. les incapacités concernant l'utilisation du corps dans certaines tâches
6. les maladresses
7. les incapacités révélées par certaines situations
8. les incapacités concernant les aptitudes particulières
9. autres restrictions d'activités

Le désavantage : *"Dans le domaine de la santé, le désavantage social pour un individu donné résulte d'une déficience ou d'une incapacité qui limite ou interdit l'accomplissement d'un rôle considéré comme normal compte tenu de l'âge, du sexe et des facteurs socio-culturels."*

Cette approche du handicap est neuve. Le désavantage est en effet défini comme une déviation par rapport à ce que l'on peut attendre de tel individu (avec son âge et son sexe) placé dans tel environnement socio-culturel. Une personne est désavantagée si son incapacité l'empêche de faire ce que son âge devrait normalement lui permettre de réaliser étant donné son environnement culturel. Le désavantage mesure ainsi un hiatus entre l'individu et le groupe, dont la personne seule subit le préjudice. Il augmente selon "l'incapacité de l'individu de se conformer aux normes de son univers."

La *Classification internationale* dénombre sept types de handicap :
Type 1. le handicap quant à l'orientation
Type 2. le handicap quant à l'indépendance physique
Type 3. le handicap quant à la mobilité
Type 4. le handicap quant à l'occupation du temps
Type 5. le handicap quant à l'intégration sociale
Type 6. le handicap quant à l'indépendance économique
Type 7. autres handicaps

La définition de l'insuffisance mentale dans ce cadre conceptuel revêt une importance décisive pour l'histoire des idées. La *Classification* insiste en effet sur le fait que cette pathologie affecte l'individu pris dans sa totalité organique, psychique et sociale. En d'autres termes, elle considère comme illusoire toute tentative de la réduire à une anomalie organique. C'est la personne humaine qui est atteinte dans sa singularité, c'est-à-dire dans sa capacité à gérer sa vie par elle-même et dans son aptitude à gérer son environnement. En renouvelant ainsi le concept de l'insuffisance mentale, l'Organisation Mondiale de la Santé met implicitement en oeuvre un concept de santé globale, qui n'est pas sans évoquer certains aspects de l'inspiration hippocratique.

4. L'emprise de la biologie moléculaire sur les neurosciences

Mais il y a bien davantage encore. La médecine moderne paraît de plus en plus dominée sur le fond par une tension entre la séduction qu'exerce sur elle l'attrait de certaines disciplines fondamentales, comme la biologie moléculaire, et sa définition plus traditionnelle comme un art de soigner.

L'avènement des grandes théories physiques entre 1900 et 1950, l'explosion des connaissances dans le domaine de la biologie moléculaire et l'essor récent de l'informatique constituent sans nul doute les grandes révolutions scientifiques du XXème siècle. Mais le développement de la biologie moléculaire n'est pas sans générer de redoutables questions, tout particulièrement à propos de l'emprise croissante que cette discipline exerce sur les sciences médicales en général, et sur les neurosciences en particulier.

Une tendance se manifeste en effet toujours davantage dans les publications les plus récentes en matière de neurologie : le souci croissant de rendre compte des processus pathologiques au niveau moléculaire. Cette dynamique se manifeste notamment au niveau de la recherche des causes des maladies neuropsychologiques ou neurologiques. A titre d'exemple, de nombreux syndromes sont aujourd'hui référés à des anomalies chromosomiques ou génétiques. L'ataxie de Friedreich est ainsi liée à une lésion du chromosome 9, l'adrénoleucodystrophie, à une anomalie du bras court du chromosome X, et la maladie de Niemann-Pick trouve également son origine moléculaire sur le chromosome 17.

Les perspectives ouvertes vont plus loin encore. Aujourd'hui, ce sont les processus mêmes des fonctions supérieures (l'apprentissage, la mémoire) qui commencent à être décrits en termes moléculaires. On comprend l'intérêt de nombreux chercheurs pour la limace de mer *Aplysia*, dont le système nerveux se réduit à quelque vingt mille gros neurones et qui fournit un excellent modèle pour étudier les étapes moléculaires des processus d'apprentissage.

La pertinence de ce point de vue est évidente. Encore faut-il voir que la biologie moléculaire ne constitue qu'une approche, prestigieuse sans doute, limitée en tout cas, des phénomènes vivants normaux ou pathologiques. Elle ne peut être qu'un outil. Or, dans de nombreux secteurs, nous sommes loin du compte.

L'emprise de cette discipline scientifique fondamentale sur la médecine est concomitante avec la montée d'une conception réductionniste - héritée en définitive du positivisme comtien - de l'homme dans la plupart des cercles biologiques. Dans cette mentalité, la tentative de rendre compte du comportement humain dans son intégralité à partir des processus neurologiques est patente. Un savant comme Jean-Pierre Changeux l'a récemment tenté dans son essai *L'homme neuronal*[21]. Dans les neurosciences modernes, le concept d'âme redevient un enjeu scientifique, les uns, tel Eccles, Prix Nobel de Médecine et de Physiologie en 1963, le jugeant irréductible, les autres le récusant totalement[22].

On s'en rend compte à la simple évocation de ce débat qui soulève à nouveau la question de l'homme, de sa nature et de sa destinée, nous en sommes peut-être arrivés à un stade où la compréhension de la médecine par une discipline scientifique tend à devenir une fin en soi. Les risques que cette tentation fait peser sur l'avenir de la prise en charge de la déficience mentale par les sociétés modernes sont considérables. En effet, l'avenir concret des personnes mentalement déficientes a des chances d'être différent si ces tendances réductionnistes (qui les considèrent tout au plus comme des organismes biologiques mal construits et, donc, inutiles) devaient encore s'accentuer ou, au contraire, si les perspectives ouvertes par la *Classification internationale des Handicaps : déficiences, incapacités et désavantages* (1980), davantage soucieuse de penser la maladie de la personne perçue dans sa totalité, devaient se développer.

Selon nous, cette question est l'un des enjeux éthiques les plus fondamentaux qui soient aujourd'hui posés dans les sciences biomédicales.

5. Conclusion

L'histoire de l'insuffisance mentale au XXème siècle s'inscrit ainsi dans les perspectives ouvertes par les médecins du siècle précédent[23].

Sur le plan de la mise en évidence des causes tout d'abord, les cent dernières années n'ont fait qu'amplifier les recherches, entamées par Bourneville, sur les origines sociales et organiques de cette pathologie. Les progrès de la génétique, de la neuropédiatrie et de la biologie moléculaire ont ainsi favorisé la description de nombreuses causes somatiques de la déficience mentale. Force est cependant de constater que la neuropédiatrie est souvent impuissante pour traiter la déficience mentale comme telle.

Pour aider le jeune déficient mental, d'autres stratégies doivent être élaborées en dehors du schème "diagnostic-traitement éventuel". Le cas de l'autisme illustre parfaitement ce point de vue : la prise en charge des enfants affectés de ce syndrome a nécessité l'organisation de dispositifs tout à fait adaptés, comme la méthode TEACCH (voir chapitre suivant).

L'approche trop strictement organiciste de la déficience mentale (et, plus largement, de la maladie) fut récemment resituée par un ensemble d'organismes (l'A.A.D.M., l'Organisation Mondiale de la Santé) dans un cadre conceptuel plus riche. L'intuition dominante de ces structures est leur volonté de replacer le processus morbide dans la totalité personnelle et sociale de l'individu.

La fécondité de cette approche dans le cas particulier de la déficience mentale est réelle. Cette pathologie est décrite comme une affection de la personne, qui la touche dans toutes les dimensions de son existence.

Cette vision incontournable du problème se trouve au centre de l'approche pratique préconisée depuis une bonne trentaine d'années par les "Stratégies d'intervention".

Chapitre 2

LE CONCEPT MODERNE DE "STRATÉGIE D'INTERVENTION"

L'idée de recourir à une pédagogie adaptée pour aborder les malades atteints d'une affection neuropsychologique remonte aux travaux de Jean-François Itard, un médecin français du début du XIXème siècle, sur l'"Enfant sauvage de l'Aveyron", que tous les spécialistes considèrent aujourd'hui comme un enfant autistique[24]. Ses intuitions, - qui prolongeaient les travaux de Philippe Pinel - ont trouvé un premier épanouissement dans ce que l'on a appelé la médecine pédagogique du XIXème siècle, qui a développé de nombreux modèles d'éducation de ceux que les spécialistes de cette époque appelaient les "idiots".

Durant la seconde moitié du XXème siècle, ces idées généreuses devaient trouver un nouvel - et remarquable - essor. Aucune autre période de l'histoire n'a en effet consacré autant de moyens à l'amélioration de la qualité de vie des personnes mentalement déficientes. Il importe toutefois de remarquer que ce mouvement s'inscrit dans un phénomène beaucoup plus global, à savoir un développement considérable des pédagogies spécialement conçues pour des individus ou encore pour des groupes en difficulté.

Celles-ci se sont particulièrement développées dans deux secteurs, par ailleurs souvent liés : le champ social et le champ médical.

Dans le champ social, des stratégies d'assistance individualisée - notamment le *case-work*[25] - ont vu le jour depuis la fin de la Seconde Guerre mondiale. D'un autre côté, l'oeuvre de Paolo Freire s'impose comme l'un des plus remarquables modèles pour penser l'intégration des groupes socialement et politiquement marginalisés.

Dans le champ médical, l'intérêt porté depuis 1945 aux enfants autistiques[26] (antérieurement présents presque exclusivement dans les oeuvres littéraires) et aux personnes mentalement déficientes (et ce, quel que soit leur âge) est à l'origine de différentes approches connues sous le nom générique de "Stratégies d'intervention"[27]. Elles ont pour objectif d'aider ces personnes à acquérir un comportement aussi adapté que possible à la vie en société. Nous en décrirons quatre : le programme TEACCH dans le cadre de l'autisme, la Normalisation, les Plans de services individualisés et la Théorie de la Valorisation des Rôles sociaux dans le cadre de la déficience mentale.

L'ensemble de ces stratégies fait partie du mouvement de désinstitutionnalisation qui se déroule actuellement à l'échelle planétaire, et dont W. Wolfensberger et S. Ionescu sont deux des principaux théoriciens.

1. Un paradigme pour penser l'intégration des masses marginalisées : la pédagogie de Paolo Freire

Les pays industrialisés ont développé tout au long de ce siècle une politique sociale sans équivalent dans l'histoire. Parmi les acquis des dernières décennies, mentionnons notamment les législations sur la scolarité obligatoire, la création des enseignements spéciaux et l'accès de tous à la sécurité sociale. Des efforts tout aussi remarquables ont vu le jour dans le Tiers-Monde. C'est ainsi que l'oeuvre du brésilien Paolo Freire a bien de chances de s'imposer comme l'une des plus remarquables oeuvres de libération qui aient vu le jour au cours du XXème siècle[28].

Ce génial professeur d'histoire et de philosophie de l'éducation s'est rendu célèbre par la mise au point d'une méthode d'alphabétisation - ou de conscientisation, pour reprendre ses termes -, spécialement conçue pour les masses illettrées du Tiers-Monde. Les idées de Freire furent expérimentées pour la première fois dans une des régions les plus pauvres du Brésil, le Nordeste, qui comptait quinze millions d'analphabètes sur vingt-cinq millions d'habitants. Les premiers résultats furent encourageants, ce qui incita le gouvernement populiste de Joao Goulart à charger Freire de l'alphabétisation des innombrables pauvres du Brésil.

En 1962-1963, deux mille "Cercles de culture" furent créés dans l'ensemble du pays. Près de deux millions d'hommes et de femmes analphabètes y participèrent. Cette initiative révolutionnaire s'inscrivait par ailleurs dans un mouvement de mobilisation plus vaste, le "Mouvement d'éducation de base", qui obtint le soutien de l'épiscopat brésilien.

Cette réalisation fut brutalement stoppée par le coup d'Etat de 1964, qui força le pédagogue à se réfugier au Chili. Il y perfectionna ses méthodes et fut chargé par le gouvernement démocrate-chrétien de ce pays de promouvoir une meilleure participation des paysans à la vie politique nationale. En 1968, Paolo Freire devint Conseiller à l'U.N.E.S.C.O.

L'oeuvre pédagogique de Freire tourne autour du concept de conscientisation. L'analphabète y est présenté comme le type même de l'homme aliéné. Il est en effet entièrement livré au pouvoir de son maître qui peut régir sa vie aussi arbitrairement qu'il le veut. L'analphabète ne possède en propre que sa progéniture. Il entretient donc avec son employeur des relations du type "maître-esclave", analogues à celles décrites par Hegel dans *La Phénoménologie de l'esprit*.

Comment cela ? Selon Freire, l'analphabète est exclusivement préoccupé par la satisfaction de deux besoins vitaux, la subsistance et la reproduction. Or, dans cette tâche, il a conscience d'être entièrement tributaire d'une nature dont le pouvoir semble le dépasser totalement. L'analphabète se sent nu devant les éléments. Marginalisé par rapport à la nature, il est en réalité étranger à lui-même, ce qui le rend incapable de nouer une relation vraie avec autrui. La législation brésilienne a parfaitement saisi la nature de cette aliénation : ne lui refuse-t-elle pas le droit de vote ?

Dans une intuition géniale, Freire voulut appliquer la maïeutique socratique au cas très particulier des paysans brésiliens privés d'éducation. L'on songe à cette scène mémorable du *Ménon*, dans laquelle Socrate révèle à un esclave inculte qu'il peut résoudre le problème-limite pour les géomètres grecs de cette époque de la duplication du carré[29]. Dans l'histoire occidentale, la figure de cet homme s'est toujours imposée comme l'une des plus grandes consciences de la pensée philosophique. Par cette quête pathétique de la vérité qui caractérise sa vie, par cette ironie de tous les instants qui le forçait à prendre distance par rapport aux idoles factices de son temps (et ces dernières sont encore bien souvent les nôtres), Socrate avait voulu éveiller dans le peuple d'Athènes le sens de la vérité et de la beauté.

La puissance révolutionnaire de son intervention n'échappa à personne. Socrate ne fut pas condamné par erreur à boire la ciguë. Car, impie, il le fut. Il eut en effet la hardiesse de démasquer les dieux faits à l'image de l'homme ainsi que les mécanismes de la domination intellectuelle mis en place par le pouvoir. Il eut l'ambition d'éveiller le génie, le "*daimôn*", pour reprendre son expression, qui sommeille en tout homme, quelle que soit sa position dans l'échelle sociale. Cet homme avait voulu faire prendre conscience de sa véritable grandeur au peuple d'Athènes. Il avait voulu révolutionner la démocratie en y proclamant la liberté de l'intelligence vraie. A toute époque, un message de cette ampleur est dérangeant. Au Vème siècle avant Jésus-Christ, il était en outre trop en avance sur son temps. Socrate fut donc mis à mort, et ses deux principaux disciples, Platon et Aristote, n'échappèrent plus tard à ce sort qu'en s'exilant avant d'être jugés et condamnés.

Les écrits de Freire constituent également une oeuvre de libération. Ils possèdent la même puissance révolutionnaire que le message de Socrate. Pour le pédagogue brésilien, l'analphabète doit être amené à prendre du recul par rapport à sa condition. Ce mouvement de retrait est authentique s'il porte sur la relation que l'homme entretient avec la nature.

Le paysan brésilien doit cesser de voir en la nature une force devant laquelle il ne peut que se soumettre. Il doit entrevoir que le monde peut et doit devenir le champ d'application de sa propre action.

Cette prise de conscience permet à l'analphabète de percevoir la différence qui existe entre le pôle naturel et le pôle culturel. Le paysan est ainsi conduit à se comprendre comme un acteur potentiel du champ social. Une fois qu'il s'est libéré de la tyrannie de la nature (et les grands propriétaires terriens s'efforcent de le maintenir dans ce sentiment de sujétion par rapport à leur terre), il peut accéder au monde de la culture, laquelle se définit comme "l'apport de l'homme à la nature". Son travail cesse alors d'être facteur d'aliénation; il devient en revanche porteur d'un sens, celui d'une transformation du monde par un sujet libre et conscient de sa condition.

Le rayonnement de la figure de Paolo Freire devait assurer à ses idées une diffusion considérable. Elles contribuèrent à éveiller un peu partout dans le monde le sentiment que les phénomènes d'exclusion ou de marginalisation de couches entières de la population peuvent ne pas être irrémédiables.

2. Les "Stratégies d'intervention" dans le champ médical

Au sens propre, le concept de "Stratégie d'intervention" désigne toute espèce d'aide permettant d'améliorer la qualité de vie de la personne mentalement déficiente *adulte*. Ce sens tend toutefois à se généraliser à toute forme d'aide auprès de la personne handicapée, et ce quel que soit son âge. Cette évolution sémantique gouverne l'organisation de ce paragraphe consacré à :

- la définition du concept d'intervention
- l'exposition de la méthode TEACCH créée pour les enfants autistiques
- l'exposition des principales méthodes adaptées aux adultes mentalement déficients

2.1. Le concept de "Stratégie d'intervention" : définition

Depuis la fin des années soixante, le mode de vie des personnes mentalement déficientes s'est profondément modifié sous la pression d'un "mouvement international" connu sous le nom de "*désinstitutionnalisation*". Au lieu de vivre en milieu fermé, ces personnes ont commencé à être aidées en vue de leur insertion dans la société. Les initiatives qui ont vu le jour dans ce contexte sont nombreuses. Aujourd'hui, elles sont globalement désignées par le terme d'*intervention*.

Selon S. Ionescu, psychiatre d'origine roumaine, une *intervention* se définit comme suit :

"*Toute action visant à faire acquérir au déficient des comportements adaptés est une intervention. Toute action visant à modifier ou à éliminer les comportements inadaptés du déficient constitue une intervention. Toute action sur les personnes significatives de l'entourage du déficient, visant à modifier les interactions entre ces personnes et le déficient, est une intervention. Toute action sur ceux qui prennent des décisions concernant le déficient, visant à modifier leur expérience de la déficience, est une intervention.*[30]"

Le même auteur discerne six orientations principales aux *interventions* actuellement pratiquées :

1. Tout d'abord, l'*intervention* ne s'adresse plus seulement aux enfants mais à toute personne mentalement déficiente, quel que soit son âge. Cette première caractéristique provient principalement de l'accroissement de la longévité de ces personnes (grâce aux progrès de la médecine) et de la critique du modèle institutionnel (voir *infra*). En pratique, l'*intervention* vise aujourd'hui aussi bien le nourrisson que l'adulte.

2. L'*intervention* tend à s'individualiser de plus en plus en s'adaptant aux besoins et aux possibilités propres de la personne handicapée. Cette tendance est particulièrement nette dans les Plans de services individualisés (au Québec) et dans l'Accompagnement (en Europe occidentale).

3. L'*intervention* recourt à différentes méthodes appartenant à plusieurs disciplines. L'intervenant (ou l'équipe intervenante) utilise ces dernières (et veille à leur complémentarité) en fonction de la situation de la personne mentalement déficiente et des progrès qu'elle réalise.

4. L'*intervention* tend de plus en plus à quitter le milieu institutionnel (lequel, rappelons-le, reste le cadre du Plan de services individualisé) pour se dérouler en milieu ouvert (et nous verrons que, dans sa forme actuelle, l'Accompagnement est restreint au milieu ouvert).

5. L'*intervention* ne se concentre pas seulement sur la personne atteinte de déficience, mais sur son environnement social et culturel. Cette cinquième caractéristique tient compte du fait que la personne mentalement déficiente - comme d'ailleurs toute personne - ne peut jamais être appréhendée comme un être isolé (à la manière d'une monade leibnizienne). Elle est au contraire toujours engagée dans un ensemble de relations avec son milieu socio-culturel.

6. Enfin, l'*intervention* n'est plus exclusivement une préoccupation des pays développés. Au contraire, elle tend à se mondialiser. La récente *Déclaration des droits du déficient mental* par l'Organisation des Nations Unies (20 décembre 1971) atteste cette dernière caractéristique[31].

Ces différentes orientations se retrouvent dans chacune des grandes stratégies qui ont vu le jour au cours des trente dernières années. On s'en rendra compte à travers l'exposé des principales d'entre elles. Notons toutefois que ces caractéristiques sont de plus en plus accusées en fonction de leur apparition récente.

2.2. L'intervention individualisée dans le contexte de l'autisme de Kanner : le programme TEACCH

L'autisme, décrit par certains écrivains dès le XVIème siècle[32], est révélé au monde scientifique en 1943 par l'article retentissant d'un pédopsychiatre américain, Leo Kanner.

Les recherches effectuées dans les perspectives ouvertes par cette publication ont conduit les praticiens à définir l'autisme par les critères de diagnostic suivants : 1- Début précoce : avant l'âge de trente mois. 2- Trouble majeur dans l'apparition du langage. 3- Trouble majeur des relations interpersonnelles. 4- Routines répétitives compliquées. On connaît également d'autres signes et handicaps associés au syndrome avec une fréquence variable : arriération mentale, hyperactivité, îlots de performances, épilepsie, cécité, surdité. On estime actuellement qu'un enfant sur quatre mille est atteint de ce syndrome[33].

D'un point de vue théorique, le problème de l'origine de l'autisme était perçu par Kanner comme une énigme dès sa publication originale de 1943 :

"We must, then, assume that these children have come into the world with innate inability to form the usual, biologically provided affective contact with innate physical or intellectuals handicaps... For here we seem to have pure-culture examples of inborn autistic disturbances of affective contact.[34]*"*

Sur le plan de l'histoire des idées, on distingue globalement deux axes d'interprétation de cette pathologie.

Le premier, dominant jusqu'à la fin des années cinquante, est constitué par les différents essais d'interprétation psychiatrique. Mentionnons pour mémoire l'hypothèse selon laquelle ce syndrome serait provoqué par un trouble psychologique de la mère. Des interprétations plus élaborées - notamment, sous l'influence de la psychanalyse - furent avancées par la suite, notamment par Mélanie Klein, Donald Winnicott et Bruno Bettelheim[35].

Le second axe d'interprétation, qui se développe dès le début des années cinquante, met progressivement en évidence la composante organique du syndrome. Celle-ci n'en est pas pour autant simple à définir. Les premiers arguments en faveur d'une composante génétique à l'oeuvre dans la physiopathologie de la maladie sont la plus grande prévalence du syndrome chez les garçons que chez les filles d'une part et les études d'épidémiologie menées sur des paires de jumeaux monozygotes d'autre part. Quelques années plus tard, la découverte d'une association entre les syndromes de l'autisme et du chromosome X fragile devait contribuer à accréditer cette idée. La publication du livre de B. Rimland en 1964 marqua un tournant dans l'histoire des conceptions relatives à l'autisme infantile. Ecrit par un connaisseur du syndrome à double titre, puisque Professeur d'Université et père d'un enfant autistique, l'ouvrage de Rimland accréditait l'idée d'une origine organique du syndrome et proposait la première hypothèse neuropathologique[36].

Par la suite, la découverte de nombreuses associations entre l'autisme et d'autres syndromes organiques devait confirmer le bien-fondé de ces intuitions[37]. Citons en particulier la mise en évidence d'un syndrome autistique chez de nombreux enfants atteints d'une maladie métabolique heureusement rare, la phénylcétonurie, lorsque cette dernière n'est pas traitée à temps.

La médecine est, en définitive, relativement impuissante devant ce syndrome. Certains essais médicamenteux ont été expérimentés, avec un succès relatif. Citons, à titre d'exemple, l'association de magnésium et de vitamine B6 tentée par une équipe française[38]. En dehors de cette stratégie, l'approche "thérapeutique" d'une personne autistique, pendant son enfance, son adolescence ou son âge adulte, doit posséder une composante pédagogique. Celle-ci n'en est pas pour autant évidente à définir. Comment, en effet, éduquer un adolescent ou un jeune adulte qui vit emmuré dans son monde, enfermé dans ses routines répétitives et soumis à des crises d'angoisse incoercibles lorsqu'un élément de son univers familier vient à disparaître ?

De nombreuses pédagogies adaptées à la personne autistique ont été élaborées depuis 1945[39]. La plus remarquable d'entre elles fut le programme TEACCH, élaboré en Caroline du Nord (Etats-Unis) au début des années soixante-dix. Telle qu'elle fonctionne actuellement, cette méthode est appliquée dans cinq Centres et dans vingt-deux classes. Le territoire de la Caroline du Nord est divisé en cinq régions : chacune de ces dernières est couverte par un des cinq Centres[40].

Les Centres proposent tout d'abord une consultation et un enseignement individuel aux enfants autistiques accompagnés de leur famille. Chacun d'entre eux contrôle également les activités des quatre à six classes mises sous sa tutelle. Ces dernières sont placées sous la direction d'un professeur (lui-même aidé d'un auxiliaire). Elles sont conçues pour accueillir un maximum de six à huit élèves.

Les parents sont invités à participer directement à la prise en charge de leur enfant par le Centre le plus proche de leur domicile[41]. Les thérapeutes élaborent avec eux un programme d'enseignement à domicile ("*Home Program*") qui tient compte à la fois des possibilités d'apprentissage de l'enfant ainsi que des moyens financiers des parents. Chaque semaine, les parents sont invités à assister à une séance démonstrative, qui a lieu dans un des Centres ou dans une des classes. Cette stratégie permet d'obtenir une très grande cohérence entre la pédagogie reçue par l'enfant chez lui et à l'école.

L'organisation de cet apprentissage individualisé présuppose la mise au point de dispositifs d'évaluation des possibilités de l'enfant et des relations à l'intérieur de la famille. Dans la méthode TEACCH, cette évaluation procède en quatre étapes :

1. l'application d'un "profil psychoéducatif" ("*Psychoeducational Profile*", ou "*P.E.P.*")
2. l'utilisation des tests d'intelligence standard
3. les entretiens avec les parents
4. l'observation directe des interactions parents-enfants

Le "*P.E.P.*" se réalise par un ensemble d'exercices répartis en six vecteurs fonctionnels : l'imitation, la perception, le comportement moteur, la coordination oculomanuelle, les aptitudes verbales de l'expression et de la communication. Le matériel est constitué par des objets familiers, tels les craies, les livres, les bulles de savon, etc.

Cet ensemble de petits tests et d'observations du comportement de l'enfant permet la définition d'un profil rigoureux de ses différentes fonctions mentales. Il sert dès lors de fondement pour la construction d'un programme d'éducation individualisée.

Si le besoin s'en fait sentir, l'équipe recourt à des tests plus classiques, en utilisant leur version adaptée à des enfants psychotiques. Il ressort de l'expérience TEACCH que les tests de Q.I., tout imparfaits qu'ils soient, restent encore les meilleurs outils d'évaluation de l'intelligence de ces enfants. Ils permettent notamment d'établir un calendrier des progrès escomptés.

Enfin, les entretiens parentaux et l'observation directe des interactions parents-enfants sont indispensables pour la mise au point de la composante "*at home*" de cette pédagogie.

Les deux progrès décisifs enregistrés par la méthode TEACCH par rapport aux autres pédagogies adaptées aux enfants autistiques sont les suivants : son haut degré d'individualisation lui permet de prendre chaque enfant, tel qu'il est, là où il en est, en le conduisant sur une trajectoire propre; ensuite, l'implication des parents (et, plus largement, de la famille), permet d'unifier ce qui est enseigné à l'enfant chez lui et à l'école. Cette collaboration entre la famille et l'équipe de thérapeutes est d'autant plus précieuse dans le cas de l'autisme de Kanner que ces enfants réagissent très mal à tout changement dans leur environnement.

2.3. L'intervention dans le champ de la déficience mentale

Les principales Stratégies d'intervention auprès des personnes mentalement déficientes adultes sont les suivantes : la Normalisation, formulées par des chercheurs danois dès la fin des années 50 et érigée en principe par W. Wolfensberger en 1972[42], les Plans de service individualisés définis par D. Boisvert au Québec dans les années soixante-dix et la Théorie de la Valorisation des Rôles sociaux proposée par W. Wolfensberger dans les années quatre-vingt.

2.3.1. La Normalisation

Les premières formulations de la théorie de la Normalisation voient le jour en Scandinavie, et plus précisément au Danemark à la fin des années cinquante. Selon N.-E. Bark-Mikkelson, l'un des personnages-clé dans cette évolution des mentalités, la Normalisation devait :

"... permettre aux personnes déficientes de poursuivre une existence aussi près que possible de la normale.[43]*"*

En 1959, le Danemark adopte une législation en vue d'atteindre cet objectif. Pendant une dizaine d'années, cette expérience demeura largement ignorée des autres pays. Ce "mur du silence" fut brisé à la fin des années soixante avec sa découverte par l'ensemble de la Scandinavie - sous l'influence de B. Nirje[44] - et par les Etats-Unis d'Amérique - grâce à l'action et aux écrits de W. Wolfensberger.

C'est à ce dernier auteur que l'on doit la formulation d'une véritable théorie de la Normalisation. Pour Wolfensberger en effet, cette idée révolutionnaire doit être comprise comme un principe normatif de toute action dans le champ de la déficience mentale et peut se définir comme :

"... l'utilisation de moyens aussi normatifs culturellement que possible, afin d'engendrer, de faciliter ou de soutenir des comportements, des apparences ou des interprétations, culturellement aussi normatives que possible.[45]*"*

Tous les termes de cette définition sont importants : le Principe de Normalisation implique le recours à des moyens pédagogiques appropriés (choisis parce qu'ils témoignent d'un respect de la personne handicapée), normatifs dans le cadre d'une culture déterminée (cette précision implique que les moyens peuvent être différents selon le mode de vie des différentes nations), permettant une intégration aussi grande que possible (la Normalisation ne préconise pas une action abstraite, qui ne tienne pas compte des limites du déficient) par le biais de comportements adaptés aux normes de la vie sociale.

Dans un article récent reprenant synthétiquement les idées maîtresses de cette théorie, L. Gibbon rappelle que ces conditions de vie normale peuvent être définies par l'insertion de la personne mentalement déficiente dans "quatre rythmes de vie" fondamentaux dans l'expérience humaine :

a) *Un rythme de la journée* : la personne handicapée apprend à vivre harmonieusement - et quotidiennement - ses temps de travail, de loisirs et de repos.

b) *Un rythme de la semaine* : l'acquisition de ce deuxième rythme permet une harmonisation entre les jours de travail et le repos du week-end.

c) *Un rythme annuel* : l'insertion de la personne handicapée dans ce troisième rythme lui permet de gérer ses périodes de vacances et ses jours fériés en fonction de son temps de travail.

d) *Un cycle de vie* : l'acquisition de ce dernier rythme lui permet de vivre les grandes lois de l'existence humaine pendant l'enfance, l'adolescence, l'âge adulte et la vieillesse.

A ces quatre rythmes s'ajoutent deux notions qui concernent plus directement les conditions de vie de la personne handicapée :

a) Celle-ci doit pouvoir disposer d'un *niveau de vie économique conforme* à celui en usage dans son pays.

b) Elle doit également pouvoir compter sur un *logement normal*, intégré autant que possible dans le paysage urbain.

L'inspiration des auteurs danois était résolument humaniste. Dans leur esprit en effet, la Normalisation devait permettre l'application aux personnes handicapées des grands principes contenus dans la *Déclaration Universelle des Droits de l'Homme* (25 décembre 1948). Entre autres choses, ces auteurs voulaient sensibiliser l'opinion publique au fait que les grandes conquêtes sociales (notamment l'abolition de l'inégalité entre les sexes et le respect des droits individuels à l'intimité et à la liberté) pouvaient (et devaient) également concerner cette catégorie de citoyens[46].

Cette antériorité de la législation danoise sur les autres états européens pose question. Comment se fait-il que ce petit pays, dont la seule contribution à la vie intellectuelle européenne semblait être d'avoir donné le jour à Kierkegaard, Andersen, Blixen, Gjellerup et Pontoppidan, se soit révélé si résolument moderne quelques années seulement après la fin de la Seconde Guerre mondiale ? Selon nous, il n'est pas inutile de rappeler que le Danemark fut le premier pays d'Europe à voter une législation d'ordre eugénique (1929), directement inspirée des mesures américaines[47]. La mise au point de nouvelles techniques chirurgicales de vasectomie et de salpingectomie avait en effet permis aux campagnes en faveur de la stérilisation des handicapés et des malheureux de toutes sortes de se développer dans de nombreuses régions. Il n'est pas impossible que la Normalisation soit apparue d'abord dans ce pays en réaction plus ou moins consciente à cette politique héritée des thèses positivistes du XIXème siècle.

Il existe à l'heure actuelle deux interprétations fort divergentes du Principe de Normalisation.

La première, très répandue dans les pays scandinaves, considère que la vie normale est bonne en soi. Les auteurs suédois ont particulièrement souligné que cette nouvelle approche du problème du handicap postule une évolution des mentalités aussi bien de la part des personnes handicapées (qui devaient renoncer à leurs réflexes d'êtres assistés) que de celle des sociétés (mises dans l'obligation de cesser de confiner ces personnes dans des institutions). Selon Grunewald, la société doit s'habituer aux personnes handicapées tout comme ces dernières doivent s'accoutumer à mener une vie normale[48].

La philosophie américaine de la Normalisation a, pour sa part, rappelé que cet horizon de prise en charge ne supprime jamais le handicap comme tel. Davantage que leurs collègues suédois, les intervenants américains sont enclins à considérer la déficience mentale comme un comportement déviant nécessairement référé aux normes en usage dans son environnement. Dans cette perspective, la Normalisation a pour fonction principale de gommer la différence de la personne mentalement déficiente[49]. Cette conception est surtout perceptible dans le passage du Principe de Normalisation à la Théorie de la Valorisation des Rôles sociaux.

Les meilleures évaluations actuelles de l'efficacité du Principe de Normalisation prennent quatre paramètres en considération : la normalisation physique, la normalisation fonctionnelle, la normalisation sociale et la normalisation au niveau de la société en général.

On constate que la normalisation physique est souvent réalisée. Celle-ci permet en effet à un certain nombre de personnes handicapées d'obtenir une réelle indépendance. Les résultats sont nettement moins encourageants du point de vue de la normalisation fonctionnelle.

En revanche, ils sont franchement décevants du point de vue de la normalisation sociale. Le meilleur niveau de qualité de vie (estimée grâce à quatre variables : les activités, les relations, l'humeur et l'image de soi) est atteint chez les individus vivant dans un appartement autonome.

Rappelons enfin que le Principe de Normalisation n'exclut nullement le recours à des services spécialisés offrant des soutiens spéciaux aux personnes handicapées. Son application requiert également la prise en compte d'une gamme aussi large que possible de solutions pratiques d'intégration. La Normalisation peut ainsi être utilisée pour améliorer les programmes éducatifs des institutions.

L'avenir de la Normalisation - et, notamment, son avenir sur le plan économique - paraît toutefois gouverné par la perception du problème du handicap par les sociétés modernes. Selon les auteurs scandinaves, la condition *sine qua non* d'efficacité du Principe de Normalisation est la reconnaissance, par les sociétés, des personnes handicapées à la fois dans leur humanité et dans leur différence.

2.3.2. *Le Plan de services individualisé*

Les Plans de services individualisés ont vu le jour dans le contexte de la législation québécoise en faveur des personnes mentalement handicapées[50]. Sur le fond, cette Stratégie québécoise a subi l'influence de la Théorie de la Valorisation des Rôles sociaux dans son élaboration[51]. Par ailleurs, elle n'est pas sans présenter des ressemblances avec les programmes TEACCH (notamment, par l'implication de la famille qu'elle préconise et stimule). Cette dernière parenté illustre bien le rôle de paradigme occupé par l'autisme dans la compréhension du champ neuropsychologique. Le Plan de services individualisé - pour la facilité, nous regroupons sous cette appellation les différentes variantes de cette stratégie mises en usage dans les pays qui se sont inspirés de l'expérience canadienne - est destiné à répondre à un problème individuel, qui se pose à une personne handicapée lorsque celle-ci veut s'intégrer sur le plan scolaire, social ou professionnel. Selon ses initiateurs, D. Boisvert et J.-P. Blaie, il se définit comme suit :

"*Le plan de services est essentiellement un moyen de planification et de coordination des services, fort utile à la réalisation de l'autonomie et de l'intégration sociale d'une personne requérant de multiples services.*[52]"

En dernière analyse, il est mis en oeuvre par l'Office des Personnes Handicapées du Québec lorsqu'une personne mentalement handicapée se trouve en difficulté :

"*Le plan de services répond à un problème individuel qui entrave l'intégration sociale, scolaire et professionnelle d'une personne handicapée.*[53]"

Le Plan de services individualisé se déroule en cinq étapes :

1. *La référence* : en règle générale, une personne "en besoin de services" s'adresse à un praticien qui réalise une première évaluation globale de ses besoins et de ses possibilités. Elle aboutit à la désignation d'un praticien chargé de constituer un Plan de services individualisé et de convoquer une équipe pour le mettre en oeuvre.

2. *L'évaluation globale fonctionnelle* : la recherche des antécédents est très poussée dans cette Stratégie :

"Il est important qu'un bilan précise clairement les forces et besoins de la personne à la suite d'une évaluation fonctionnelle globale. La cueillette des données est réalisée de manière systématique auprès de la personne, de sa famille s'il y a lieu, des praticiens et des bénévoles oeuvrant auprès de la personne. L'évaluation comprendra, entre autres, les rapports d'évaluation des praticiens, les observations de la famille et des bénévoles. Le coordonnateur du plan de services peut demander toute autre évaluation jugée pertinente à l'élaboration du plan de services.[54]*"*

Cette étape permet de mieux cerner la globalité de la personne, de cerner ses forces, ses goûts et ses besoins, de saisir son évolution et de composer l'équipe d'intervention chargé d'élaborer un Plan de services. Cette étape est assurée par le Responsable des Plans de services, encore appelé le coordonnateur.

3. *Elaboration du Plan de services* : l'équipe du Plan de services comprend la personne handicapée, sa famille et les praticiens désignés par le coordonnateur. Idéalement, elle veille à ce que la personne handicapée ou, à défaut, son représentant, assure la cohérence du Plan :

"Un plan de services est un outil de planification et de coordination des services individuels nécessaires à la réalisation et au maintien de l'intégration sociale d'une personne handicapée.[55]*"*

4. *Elaboration des Plans d'intervention* : le Plan de services individualisé est composé d'un certain nombre de Plans d'intervention, dotés chacun d'un objectif bien précis : gestion des loisirs, formation, maintien dans le milieu, recherche de travail, apprentissage des transports, etc.

"Les plans d'intervention expriment habituellement la programmation des activités d'apprentissage visant l'acquisition de comportements ou d'habiletés souhaités.[56]"

Ces Plans d'intervention fixent ainsi des objectifs et des échéances plus précis (qui doivent de toutes façons être intégrés dans le Plan de services). En vertu d'une exigence légale, ils doivent être évalués tous les neuf mois.

5. *Coordination et suivi du Plan de services :*

"La coordination du plan de services consiste d'abord à s'assurer de l'atteinte des objectifs inscrits au Plan de services en encourageant la mise en oeuvre des Plans d'intervention.[57]"

Cette fonction particulièrement difficile permet d'assurer une cohérence entre les différents Plans d'intervention, d'éviter les dédoublements ou les carences dans les services, d'informer la personne déficiente sur ses droits (en l'aidant au besoin à se défendre), de veiller à sa bonne compréhension du Plan et, en cas de nécessité, de réajuster les objectifs en fonction des progrès réalisés.

Dans l'expérience canadienne, le Plan de services individualisé fonctionne dans trois grands types de situation :

- tout d'abord, il peut être appliqué dans le paysage institutionnel afin de mieux centrer les programmes sur les besoins et les aspirations réelles des personnes mentalement déficientes.

- ensuite, il peut aider certaines personnes handicapées à conserver le degré d'intégration sociale auquel elles sont parvenues. Un exemple permet d'illustrer cet aspect des choses. Un litige peut survenir entre un patron et un de ses employés insuffisant mental : dans ce type de situation, l'Office mis en place dans le cadre général de la politique québécoise est habilité à proposer au travailleur handicapé un Plan de services. Cette stratégie est élaborée pour permettre à la personne handicapée de remédier à ses principales carences et de sauver ainsi son emploi. L'Office peut également intervenir dans la rétribution du travailleur handicapé, tout comme, en Belgique, le *Fonds Communautaire pour l'Intégration Sociale et Professionnelle des Personnes Handicapées* le fait souvent (voir *infra*).

- enfin, il peut permettre à une personne handicapée qui en formulerait la demande de quitter le milieu institutionnel fermé.

Le volume des demandes traitées par le dispositif québécois est impressionnant. Au 31 décembre 1982, 4.408 demandes avaient été prises en considération. 1.403 d'entre elles concernaient l'habitat, 1.179 les services d'adaptation ou de réadaptation, 819 le transport et 721 le travail. Les autres portaient sur des problèmes divers. La majeure partie de ces demandes émanait de personnes présentant des déficiences organiques ou motrices[58].

L'intuition fondamentale du Plan de services répond à une exigence élémentaire de toute forme de prise en charge des personnes handicapées : ce modèle d'intervention veut assurer la planification et la coordination des services et des ressources mises à leur disposition par la communauté politique. Pour ce faire, cette Stratégie a pu bénéficier du soutien de l'appareil législatif. C'est ainsi que l'Assemblée Nationale du Québec adopta en 1977-1978 une *"Loi favorisant l'exercice des droits pour personnes handicapées"* plutôt qu'une *"Loi de protection de la personne handicapée"*, illustrant par là le choix profond du Québec en matière d'aide à ces hommes et à ces femmes. Prolongeant cette loi, la Conférence socio-économique de décembre 1981 sur l'intégration de la personne handicapée a permis l'élaboration d'une politique d'ensemble au niveau national dans ce domaine.

2.3.3. La Théorie de la Valorisation des Rôles sociaux

La Théorie de la Valorisation des Rôles sociaux fut progressivement élaborée par W. Wolfensberger à partir de 1983 pour "renforcer et remplacer" le Principe de Normalisation[59].

Son point de départ se situe dans une analyse de la dynamique de la dévalorisation sociale dans l'histoire des sociétés. Selon l'auteur,

"... la dévalorisation sociale est universelle : c'est-à-dire qu'on la retrouve dans toutes les sociétés, de tout temps... Le seul élément variable à travers les sociétés réside dans l'identité de celui qui est dévalorisé.[60]*"*

Dans les sociétés occidentales modernes, ce phénomène touche certaines couches de la population, les pauvres, les déficients de toute espèce, les vieux, les personnes incompétentes (les illettrés, les chômeurs de longue durée), dépendantes, retardées ou improductives.

Ces personnes dévalorisées sont installées par les sociétés dans des rôles socialement dévalorisés, entendons par là dans des rôles n'entraînant aucune reconnaissance sociale positive.

Le concept de rôle social, précisé notamment par le sociologue T. Parsons en 1951, est fondamental pour la compréhension de cette théorie :

"Un rôle social peut être défini comme un ensemble de comportements, de responsabilités, d'attentes et de prérogatives conformes à un modèle social.[61]*"*

Un exemple permet de comprendre la portée de ce concept. Un médecin jouit d'un certain nombre de prérogatives que chacun s'accorde à reconnaître comme normales; d'un autre côté, chacun s'attend également à ce que ce médecin assume un certain nombre de responsabilités et de comportements ; bref qu'il réponde à une certaine image. Il aura ainsi le droit de parquer sa voiture dans un endroit interdit; en revanche, il devra être ouvert à tout problème de santé ressortissant à sa spécialité.

Les interactions entre "les attentes de rôle et les performances de rôle" s'appellent un "cercle de réactions"[62].

On distingue deux types de cercle de réactions. Les uns sont porteurs d'une dynamique de valorisation pour la personne, les autres entraînent (ou aggravent) un processus de dévalorisation.

Toute personne est nécessairement engagée dans l'un de ces deux types de cercle. Elle y entre soit par choix - c'est le cas pour les rôles de mari et d'épouse -, soit par obligation - c'est le cas de la grande majorité des marginaux.

D'autre part, et quelle que soit sa nature, un cercle de réactions inaugure toujours une dynamique ou un processus : soit que la personne renforce son image aux yeux de ceux qui l'observent (et, dans ce cas, elle va renforcer son rôle social, que ce dernier soit positif ou négatif), soit que la personne ternisse son image (et, dans ce cas, elle passera rapidement d'un rôle socialement valorisé à un rôle socialement dévalorisé). En clair, un médecin, s'il exerce bien son art, ne fera que renforcer sa position sociale au fur et à mesure de sa carrière; de son côté, la personne déficiente, enfermée depuis son enfance dans un rôle dévalorisé, sera de moins en moins considérée sur le plan social.

Les conséquences de cette analyse sont claires :

"... il est nécessaire d'atteindre et de préserver des rôles sociaux valorisés, afin d'être ou de devenir valorisé sur le plan social.[63]"

Ceci entraîne la définition suivante de la Théorie de la Valorisation des Rôles sociaux :

"... le développement, la mise en valeur, le maintien et/ou la défense de rôles sociaux valorisés pour des personnes - et particulièrement pour celles présentant un risque de dévalorisation sociale - en utilisant le plus possible des moyens "culturellement valorisés".[64]"

Cette théorie prend tout son sens pour deux catégories de personnes : celles qui sont déjà dévalorisées par la société et celles qui ont toujours été valorisées mais que des événements récents mettent en difficulté.

La Théorie de la Valorisation des Rôles sociaux préconise le recours à deux stratégies complémentaires :

- Le développement des compétences : cette première exigence implique l'identification des besoins de la personne dévalorisée, l'individualisation des programmes, la recherche d'une efficacité et l'encouragement des personnes dans l'acquisition et/ou le maintien de leur autonomie[65].

- L'amélioration de l'image sociale : pour ce faire, la théorie recommande de veiller tout spécialement à l'implantation et à l'installation des services, au rythme de travail de la personne dévalorisée, au langage utilisé à son sujet, à ses modalités de financement, à la qualité de son entourage et à son apparence extérieure[66].

Finalement, W. Wolfensberger discerne sept thèmes principaux à l'oeuvre dans cette théorie :

1. le postulat selon lequel *la prise de conscience des mécanismes de dévalorisation* (agissant souvent inconsciemment) permet de les enrayer plus facilement.

2. la *pertinence de l'action des cercles de réactions* dans la création et la suppression de la déviance : les praticiens doivent tout faire pour que les personnes qui s'adressent à eux ne s'installent pas dans un rôle négatif.

3. le *thème des compensations positives du statut dévalorisé* : le poids négatif que constitue souvent le passé des personnes dévalorisées est souvent tel que l'adoption d'un comportement "normal" ne suffit pas à les valoriser. Il importe de rechercher pour ces personnes des attitudes ou des comportements clairement valorisés par la culture.

4. l'*importance du modèle développemental* : Wolfensberger décrit un certain nombre de modèles de prise en charge des personnes déficientes : le modèle médical, le modèle de détention, le modèle de charité-pitié, le modèle industrialo-commercial, le modèle rééducatif et le modèle de socialisation.

Toutefois, le modèle qui semble le plus conforme aux intentions de la Théorie de la Valorisation des Rôles sociaux est le modèle développemental qui postule que :

"... *toutes les personnes sont potentiellement capables de réagir positivement à tous les stades de leur vie, quels que soient leur âge ou leur infirmité.*[67]"

5. l'*importance de l'imitation* : l'imitation est l'un des plus puissants facteurs d'apprentissage connus. Or, les personnes dévalorisées n'ont bien souvent à leur disposition que des modèles négatifs à imiter. Elles sont en effet généralement ségrégées, rassemblées avec d'autres personnes dévalorisées et accompagnées par un personnel moins compétent. La Théorie de la Valorisation des Rôles sociaux exige que ces personnes puissent connaître des modèles positifs à imiter.

6. l'*importance de la mise en valeur de l'image sociale des personnes dévalorisées.*

7. l'*importance de l'intégration sociale personnelle et de la participation sociale valorisée* : la Théorie veut que tout soit mis en oeuvre (notamment au niveau de l'aide administrative) pour que ces personnes puissent être intégrées de manière valorisée dans les sociétés modernes[68].

L'intuition fondamentale de la Théorie de la Valorisation des Rôles sociaux considère la personne déficiente comme déviante par rapport aux normes sociales en usage dans une culture déterminée. Cette déviance est à l'origine de la dévalorisation sociale dont ces personnes sont victimes. Dans l'esprit de Wolfensberger, la valorisation de leur rôle social (ou le maintien de leur rôle valorisant) est à même de gommer cette déviance. Cette approche est typique de la compréhension américaine de la Normalisation (voir *supra*).

La consolidation (et l'exploitation) des possibilités propres de la personne est bien entendu fondamentale : on le voit notamment à l'importance accordée par Wolfensberger à l'acquisition de compétences par la personne et au modèle développemental, qui postule l'existence d'un potentiel de croissance en tout homme.

Mais, en définitive, dans cette théorie, c'est le regard social qui paraît tirer les fils de l'existence de tout un chacun. Il est aliénant (s'il conduit à une situation de dévalorisation) ou libérant (s'il permet, au contraire, un rôle socialement valorisant). La conscience de la personne déficiente semble bien être entièrement suspendue au regard que la société pose (ou posera) sur elle.

La justesse de ce point de vue est évidente. Mais il nous semble que la Théorie de la Valorisation des Rôles sociaux accorde trop peu d'importance à la question de la valorisation de la personne déficiente à ses propres yeux. Ce point de vue est bien plus marqué dans l'Accompagnement qui, selon nous, est plus attentif aux lignes de force du courant personnaliste (qui traverse toute la philosophie occidentale durant le XXème siècle).

3. Conclusion

"Car, cela saute aux yeux, s'agit-il même de la santé, ce n'est pas la Santé-en-Soi qu'examine le médecin, mais la santé de l'homme; et, plus volontiers encore, celle de cet homme-ci : car c'est l'individu qu'il soigne." Aristote, *Ethique à Nicomaque*, 1097 a 10-13.

Cet adage aristotélicien - qui s'inspire des traités hippocratiques et de la philosophie de la médecine développée par Platon - trouve un champ d'application tout désigné dans la pathologie neuropsychologique. Il s'applique en effet avec une remarquable pertinence aux adultes affectés d'une déficience mentale.

Ces situations de détresse ne peuvent être abordées de manière crédible que cas par cas.

Les grandes "stratégies d'intervention" qui ont vu le jour au cours des quarante dernières années - et dont l'objectif prioritaire est d'aider les jeunes adultes mentalement déficients à vivre de manière aussi autonome que possible leur existence d'homme - possèdent un certain nombre de points communs, notamment un souci de considérer la singularité de la personne déficiente et une volonté de lui permettre d'inscrire sa vie dans les sociétés modernes.

La filiation entre la Normalisation (Scandinavie, Etats-Unis) et la Théorie de la Valorisation des Rôles sociaux (Etats-Unis) d'une part, entre cette dernière et les Plans de services individualisés (Québec) d'autre part, atteste clairement que les idées neuves sur le problème de la déficience mentale - largement oublié par les neuropsychiatres entre 1900 et 1945 - possèdent aujourd'hui un rayonnement international.

La *Déclaration des droits du déficient mental* par l'Organisation des Nations Unies (20 décembre 1971) devait doter ce mouvement d'une charte universelle.

Tel est le contexte international dans lequel l'Accompagnement est apparu en Europe occidentale.

DEUXIEME PARTIE

Le "Dispositif-Carat en Accompagnement"
Méthode et Principes

L'Accompagnement des adultes mentalement déficients en milieu ouvert est né de manière diffuse dans plusieurs pays d'Europe occidentale (notamment la Belgique, la France, l'Allemagne, le Grand-Duché de Luxembourg et les Pays-Bas) à la fin des années soixante-dix. Le troisième Congrès de l'Association M.A.I.S. (Mouvement pour l'Accompagnement et l'Insertion Sociale) le soulignait dès 1989 :

"Je me permettrai de dire simplement qu'il convient surtout, et qu'il est indispensable, avant tout, d'accueillir, d'écouter, la Personne handicapée, ... en difficulté sociale, ... prendre le temps d'entendre sa demande et voir avec Elle comment il est possible de répondre à cette demande. Et c'est peut-être là que se situe l'originalité de notre groupe qui depuis 1985, sous des aspects informels, et depuis 1987, au sein d'une Association déclarée loi 1901, fait le point par l'intermédiaire de rencontres régionales et nationales sur les diverses pratiques d'Accompagnement existantes.[69]"

Aujourd'hui, les Services d'Accompagnement se sont multipliés dans ces différents pays[70]. Ils se heurtent globalement à deux problèmes principaux : leur reconnaissance juridique par les Etats et une définition à la fois théorique et pratique de leur philosophie.

Le premier problème a reçu un début de solution avec l'adoption, le 9 juillet 1992, par la Communauté française de Belgique, d'un Décret sur l'Accompagnement.
Le second reste largement ouvert.

Selon nous, le "Dispositif-CARAT en Accompagnement", fondé par Pierre Leboutte et Marie-Noël Auriol en 1977, et qui fait l'objet des deuxième et troisième parties de cet ouvrage, est de nature à contribuer de manière décisive à cet effort théorique. Signalons au passage que ces deux auteurs sont conscients de se situer dans les perspectives ouvertes par les "Stratégies d'intervention" en mettant un point de vue neuf en évidence.

Chapitre 3

LE "DISPOSITIF-CARAT EN ACCOMPAGNEMENT"

I. Principes de base et méthodes

Une élaboration particulièrement originale de l'Accompagnement se trouve réalisée dans le "Dispositif-CARAT en Accompagnement" qui se développe en Belgique depuis 1977[71]. L'apport de ce dispositif dans la mise au point d'une pratique et dans la formulation d'un concept fort d'Accompagnement nous paraît tout à fait déterminant.

Dans ce chapitre, nous présenterons successive-ment :

1. une description du "Dispositif-CARAT en Accompagnement"
2. les préalables chez la personne mentalement déficiente adulte
3. l'Equipe d'Accompagnement
4. la restauration de la perception du temps que cette méthode peut opérer chez le jeune adulte mentalement déficient
5. la place de l'Accompagnement parmi les autres stratégies d'intervention

1. Le "Dispositif-CARAT en Accompagnement" : une stratégie d'intervention originale en milieu ouvert

Selon les chevilles-ouvrières de cette initiative, l'Accompagnement se définit comme suit :

"Accompagner n'est pas "prendre en charge" : c'est REPONDRE A UNE DEMANDE LIBRE par une compétence et une solidité durables à une personne qui SE déplace vers SON objectif ou veut s'y maintenir.

Accompagner n'est ni remorquer, ni pousser, mais avancer aux côtés d'un Stagiaire, au rythme de celui-ci, et s'arrêter avec lui quand l'objectif est atteint ou quand il le décide.

Accompagner n'est ni décider de l'itinéraire, mais conseiller, orienter, donner des points de repères, éviter les détours.

Accompagner n'est pas dispenser un service dans un lieu spécifique, mais sur les terrains du Stagiaire : depuis son point de départ jusqu'à l'intérieur de son objectif.

Accompagner n'est pas garder le Stagiaire dans une relation bilatérale, mais lui offrir et lui assurer la capacité de repérer et de mobiliser toutes les ressources, mécanismes et réseaux accessibles aux autres citoyens, pendant son stage et ensuite.

Accompagner n'est pas porter un projet et une action SUR un Stagiaire, mais participer aussi subsidiairement que possible à SA démarche, vers SON succès.[72]"

En bref - et dans ce Dispositif tout particulièrement -, l'Accompagnement est une démarche en milieu ouvert entreprise conjointement par une personne mentalement déficiente (appelée le Stagiaire) et une Equipe professionnelle (composée d'Accompagnateurs) réunissant des compétences diverses mais complémentaires. Son objectif est de permettre à une personne mentalement déficiente d'accéder à une participation optimale à la vie en société.

Concrètement, l'Accompagnement s'enracine toujours dans une demande formulée par la personne handicapée elle-même. Ce point de départ peut être des plus variés : trouver un travail en milieu ordinaire, quitter le home pour vivre seul, organiser ses loisirs ou, plus modestement, soigner son chat, écrire une lettre, etc. Si cette demande est dûment motivée, le désir de la personne devient un "objectif" et s'incarne dans un "Projet particulier" qui fait l'objet d'une "Convention de Stage" signée par le Stagiaire et par l'Equipe.

L'Accompagnement est une démarche à composantes multiples; il fait continuellement intervenir une part d'aide, une part d'orientation, une part d'entraînement et une part de formation (ce sont les quatre vecteurs).

Tout Accompagnement peut être divisé en deux phases : l'Accueil et le Stage.

1.1. L'accueil

L'entrée de la personne mentalement déficiente dans une démarche d'Accompagnement se fait par un entretien d'accueil qui réunit le futur Stagiaire (accompagné souvent de ses proches, par exemple de ses parents), un Accompagnateur et le "Garant des intérêts du Stagiaire". Au cours de cette phase, l'Equipe veille toujours à ménager un entretien avec le Candidat-Stagiaire seul, de manière à lui offrir la possibilité de s'exprimer par lui-même.

L'intérêt de cet accueil (qui peut s'étendre sur un ou plusieurs entretiens, selon le cas) est triple.

Il est tout d'abord le lieu où peut s'exprimer librement la demande de la personne mentalement déficiente.

Il est ensuite l'occasion d'un travail éventuel sur cette demande. Une question peut en effet surgir : l'objectif que veut se fixer le jeune adulte est-il réellement le sien ou, au contraire, est-il davantage celui de son entourage ?

L'accueil permet enfin à l'Equipe de "se faire une idée" de la motivation du futur Stagiaire.

1.2. Le Stage

En règle générale, l'accueil débouche sur une "Convention de Stage" signée par la personne handicapée et par l'Equipe. Cette convention porte sur un objectif qui sera atteint par étapes, chacune de celles-ci faisant l'objet d'une évaluation effectuée conjointement par le Stagiaire et par l'Equipe. La personne handicapée est orientée vers l'une (ou parfois plusieurs) des six cellules de "Dispositif-CARAT en Accompagnement" en fonction de sa demande.

1.2.1. Les six cellules

Le "Dispositif-CARAT en Accompagnement" comprend six cellules, dont la complémentarité permet de rencontrer et de satisfaire les demandes parfois complexes émanant des personnes handicapées. Ce sont : Orientation générale, Formation générale, Aide générale, Vivre chez soi, Vie professionnelle et Temps libre.

Ces cellules peuvent être regroupées en deux séries. Trois "cellules-support" permettent à la personne handicapée d'acquérir des connaissances (et une pratique) élémentaires dans certains domaines de la vie concrète : ce sont les *cellules générales* (Orientation générale, Formation générale, Aide générale). Ensuite, trois cellules particulières assurent un soutien dans des secteurs plus précis de l'existence : ce sont les *cellules finalisantes* (Vie professionnelle, Vivre chez soi et Temps libre).

Les trois cellules générales sont :

a. *Orientation générale* : dont la fonction primordiale consiste à aider le Stagiaire dans l'évaluation personnelle de ses atouts et de ses points faibles. Elle favorise également une prise de conscience des réalités propres à la vie sociale. Cette double estimation lui permet de formuler une meilleure adéquation entre ses buts et les moyens dont il peut disposer[73].

En pratique, le Stagiaire peut faire appel à cette cellule au début de son Accompagnement ou au cours de celui-ci lorsque son évolution est arrêtée.

b. *Formation générale* : cette cellule initie le Stagiaire à diverses compétences, parfois élémentaires mais qui, souvent, ne lui ont pas été dispensées. Cette formation n'est cependant pas une remise à niveau générale : elle est au contraire organisée en fonction des objectifs que le Stagiaire veut atteindre. Les formations dispensées peuvent être des plus variées : elles vont de l'apprentissage de la lecture ou de l'écriture à l'éducation de l'affectivité (comprenant une information sur la sexualité), en passant par la gestion d'un budget prévisionnel.

c. *Aide générale* : cette troisième cellule générale joue un rôle important dans l'Accompagnement des personnes handicapées. Dans de nombreux cas, la demande principale, qui porte sur la recherche d'un emploi, ne peut être satisfaite sans une mise en ordre préalable de diverses formalités administratives : c'est ici qu'intervient la cellule Aide générale. Elle le fait toujours à la seule condition que le Stagiaire s'engage dans une formation complémentaire. A nouveau, les demandes peuvent être très larges (le Stagiaire cherche de l'aide pour mettre ses papiers en ordre) ou, au contraire, très précises (demande d'aide dans le cadre d'une naturalisation, d'une procédure en divorce ou d'un surendettement).

La cellule Aide générale peut conserver un rôle important lorsque le Stagiaire a atteint un plafond dans son évolution. L'Accompagnement peut permettre à des personnes handicapées mentales de parvenir à un certain degré d'autonomie autorisant un certain niveau de participation à la vie sociale. Parfois cependant, cette autonomie ne peut être conservée que moyennant une assistance relativement importante de l'Equipe. Celle-ci se contente alors d'aider la personne à conserver son niveau d'indépendance.

Les trois cellules finalisantes sont :

d. *Vie professionnelle* : cette cellule accompagne le Stagiaire dans la préparation, la recherche, l'intégration dans une équipe de travail et la conservation d'un emploi aussi "normal" que possible. Cette action rejoint celle d'autres "Stratégies d'intervention".

Les situations professionnelles trouvées par le Stagiaire avec la cellule Vie professionnelle sont variées : travail de bureau, emploi dans l'hôtellerie ou dans une entreprise de nettoyage, postes d'écuyer, de garçon de course, de jardinier, ou encore de débardeur.

Il arrive fréquemment qu'une structure publique comme le *Fonds Communautaire pour l'Intégration Sociale et Professionnelle des Personnes Handicapées* intervienne partiellement dans la masse salariale, afin de compenser le moindre rendement éventuel de ce travailleur.

L'expérience enseigne que les personnes handicapées se révèlent souvent bons travailleurs. Rares sont les employeurs qui s'en plaignent, une fois la période d'apprentissage terminée. Cependant, en règle générale, ces jeunes en recherche d'emploi ne possèdent pas les "à-côtés" indispensables à la réussite d'une vie professionnelle : la ponctualité, le sens de la hiérarchie dans une entreprise, la propreté vestimentaire, l'aisance sociale avec les collègues ou avec les clients. Par ailleurs, le rythme du travail en milieu normal constitue l'une des principales difficultés qui se manifestent lors des premières semaines de la mise au travail. L'apprentissage de ces réalités fait partie intégrante de la formation reçue par le Stagiaire dans la cellule Vie professionnelle. Cette expérience du "Dispositif-CARAT en Accompagnement" rejoint un acquis de la littérature, selon lequel les déficits sociaux sont une cause fréquente du licenciement d'un travailleur mentalement déficient.

e. *Temps libre* : on connaît l'importance actuelle des loisirs[74]. C'est pourquoi tous les modèles d'intervention accordent une grande attention aux temps libres[75].

Dans le "Dispositif-CARAT en Accompagnement", la cellule Temps libre poursuit trois objectifs :

Elle répond à toute demande de choix et de gestion de loisirs propres (les "hobbies" du Stagiaire, notamment).

Elle l'aide à participer à des activités organisées par des structures de loisirs (par exemple des ateliers créatifs, des vacances organisées, des clubs sportifs, des cercles de scrabble, etc.).

Elle accompagne enfin le Stagiaire dans la gestion de ses loisirs pris avec ses amis et connaissances (par exemple soirées au cinéma ou au théâtre, invitation à domicile, soirées de toutes sortes, etc.). Nous reviendrons plus précisément sur l'action de cette cellule dans le chapitre six.

La cellule Temps libre anime également une activité collective, la Bourse aux loisirs, au cours de laquelle les Stagiaires peuvent échanger des informations (et des invitations) pour l'organisation de leurs divertissements. Cette Bourse aux loisirs est la seule activité de groupe au sein du "Dispositif-CARAT en Accompagnement".

g. *Vivre chez soi* : cette cellule initie la personne handicapée à la gestion de la vie quotidienne dans un logement de son choix, communautaire ou autonome. Les projets mis en oeuvre en son sein couvrent différents aspects de l'organisation de la vie quotidienne domestique : initiation à un équilibre diététique, apprentissage de la lessive, entretien, achat de vêtements, recours au médecin, entretien d'animaux domestiques, éducation à la vie affective, etc.

1.2.2. Les quatre vecteurs

Chaque cellule de l'Accompagnement aborde la personne handicapée en structurant son action autour de quatre idées-motrices (ou vecteurs) : l'orientation, la formation, l'aide et l'entraînement.

a. *L'orientation* : ce vecteur désigne l'ensemble des démarches par lesquelles le Stagiaire parvient à une estimation correcte de ses possibilités, de son objectif et des efforts qu'il lui faudra fournir pour l'atteindre. Son observance est fondamentale pour définir des objectifs concrètement réalisables.

b. *L'aide* : ce vecteur désigne l'ensemble des services que l'Accompagnateur rend à son Stagiaire. Il est souvent très important au début de la prise en charge. Deux règles d'or guident le comportement de l'Accompagnateur : il veille tout d'abord à ne jamais suppléer totalement le Stagiaire; il s'efforce ensuite de limiter petit à petit son aide de manière à favoriser autant que possible l'autonomie de la personne mentalement déficiente.

c. *L'entraînement* : ce vecteur désigne la consolidation des acquis et leur adaptation progressive à des situations neuves. Il est fondamental dans toutes les stratégies d'éducation des personnes mentalement déficientes. Un des meilleurs exemples d'entraînement est le recours à des jeux de rôles par la cellule Vie_professionnelle, reproduisant un entretien avec un employeur éventuel. Le Stagiaire peut ainsi s'entraîner psychologiquement à affronter pratiquement une situation décisive pour son avenir.

d. *La formation* : ce vecteur désigne l'apprentissage de techniques et de modalités de vie adaptées à la réalisation de l'objectif défini. Ce vecteur est fondamental pour toute personne handicapée qui veut parvenir à une autonomie de vie aussi grande que possible.

Ces quatre vecteurs sont présents dans toute démarche d'Accompagnement. Celle-ci nécessite toujours une part d'orientation, une part de formation, une part d'aide et une part d'entraînement. Ce qui se modifie au cours du temps, c'est la proportion relative de chacun d'eux.

1.3. Les préalables chez la personne mentalement déficiente

Le Candidat-Stagiaire qui se présente a la plupart du temps derrière lui une expérience de vie trop souvent faite d'une succession d'échecs, de déceptions, voire de démissions de son entourage familial ou institutionnel. Il manifeste souvent un sentiment d'infériorité. Mais il éprouve également la volonté de changer quelque chose dans sa vie. Ce désir transparaît toujours lors de son premier contact avec l'Equipe et ce, quelle que soit la pauvreté de ses moyens d'expression.

La personne handicapée est ainsi reçue, écoutée et accompagnée en tant que centre autonome de désirs, de volonté, de besoins et de décision.

Elle est également accueillie dans sa globalité. C'est pour répondre à cette exigence que le dispositif en six cellules a été adopté par CARAT. En effet, l'objectif de participation qui régit toute l'action de l'Accompagnement implique toujours l'éventualité d'une prise en charge de la personne handicapée pour l'organisation de sa vie professionnelle, de son logement personnel, de ses loisirs ou de toute autre demande. L'expérience enseigne que tout progrès accompli par un Stagiaire dans un domaine suscite l'apparition d'une nouvelle demande, qui peut faire l'objet d'un nouveau Projet particulier.

Cette prise en charge de sa propre existence par la personne handicapée elle-même repose sur un certain nombre de préalables :

1.3.1. *La motivation et le décodage de la demande*

La motivation de la personne doit être perceptible d'une manière ou d'une autre lors du premier accueil. Son appréciation est déterminante dans l'évaluation des véritables demandes du Candidat-Stagiaire. A ce stade cependant, un travail peut être nécessaire : le Candidat-Stagiaire peut en effet exprimer directement ce qui le motive, ou, au contraire, "cacher" sa véritable motivation derrière de fausses demandes. Le décodage des intentions profondes (et réelles) du Stagiaire doit continuellement rester présent à l'esprit de l'Accompagnateur. C'est redire l'importance du vecteur "orientation" dans cette stratégie d'intervention.

1.3.2. *Un nouveau départ dans la vie*

Le Stagiaire est écouté et accompagné indépendamment de son passé. Plus précisément, des données appartenant au passé de la personne ne sont recherchées et retenues que si elles peuvent servir de point d'appui dans une progression vers une plus grande participation à la société.

La personne handicapée est ainsi invitée à faire peau neuve dans son cheminement. L'observance de cette règle est d'un précieux secours aux différents Stagiaires, habituellement confrontés à un très invalidant manque de confiance en leurs moyens.

1.3.3. Le sens du réel

La personne mentalement déficiente doit également avoir ou acquérir le sens de la réalité. Certes, ce dernier peut être éduqué mais souvent dans une certaine mesure seulement. Un Stagiaire peut reconnaître que ses objectifs sont disproportionnés par rapport à ses possibilités et en choisir d'autres, mieux adaptés. L'Accompagnement est ainsi également une éducation aux réalités de la vie concrète. Il est par conséquent irréalisable dans le cas de personnes présentant des troubles mentaux trop sévères.

1.3.4. La personnalisation de la démarche

Les sciences biomédicales gravitent entièrement autour des questions épistémologiques, métaphysiques et scientifiques de l'individuation des êtres[76]. Ce trait spécifique, particulièrement net dans l'ensemble du champ médical, est connu depuis la plus haute Antiquité. En effet, les oeuvres de Platon et d'Aristote témoignent déjà d'une prise de conscience du caractère individuel de toute intervention médicale[77].

Cette règle de base se trouve au centre des modèles d'intervention en déficience mentale les plus pertinents dont nous disposions aujourd'hui : la Normalisation, la Théorie de la Valorisation des Rôles sociaux et les Plans de services individualisés font de cette règle l'un des principes fondamentaux de leur action. L'Accompagnement va un peu plus loin en personnalisant le processus même de l'évolution du Stagiaire : il s'agit en effet d'une démarche choisie et acceptée par le Stagiaire, parce que conçue avec lui à sa mesure.

1.4. L'Equipe d'Accompagnateurs

L'Accompagnement du Stagiaire est assuré par une Equipe interdisciplinaire d'Accompagnateurs capables d'assumer, pour chaque contrat, "la nécessaire coordination des interventions spécialisées"[78]. Dans l'état actuel des choses, le "Dispositif-CARAT en Accompagnement" est basé à Bruxelles et comprend deux services périphériques, l'un à Namur et l'autre à Nivelles.

Trois points doivent être soulignés :
a) l'organisation de l'Equipe
b) son rôle de coordination
c) deux fonctions originales : le "Garant des intérêts du Stagiaire" et le "Vendeur"

1.4.1. L'organisation de l'Equipe

Les Accompagnateurs se répartissent entre les six cellules que nous avons décrites ci-dessus, chacune d'entre elles étant dirigée par un Responsable.

Chaque membre de l'Equipe occupe une place précise à l'intérieur des trois cercles concentriques suivants :

Un noyau permanent : il est constitué par les Accompagnateurs engagés à temps plein dans ce dispositif.

Des renforts de compétences extérieures (juristes, médecins, avocats, assistants sociaux) : les Accompagnateurs peuvent s'adresser à ces spécialistes en fonction des besoins du Stagiaire.

Le réseau : on entend par ce terme la création (ou le renforcement) autour du Stagiaire d'un ensemble de relations et d'amis sensibilisés à sa volonté de vivre en société. L'expérience montre que ce point joue un rôle déterminant dans la réussite de la participation du Stagiaire aux mécanismes de la vie sociale.

1.4.2. Un rôle de coordination

L'Equipe assure un rôle de coordination dans toute démarche d'Accompagnement. Cette fonction est d'autant plus indispensable que cette stratégie est une démarche *taillée sur mesure* et vise la personne mentalement déficiente dans sa *globalité*. Dans cette perspective, il peut arriver qu'un Stagiaire soit engagé simultanément dans plusieurs Projets particuliers. Une action coordonnée s'impose, concrètement assurée par des réunions hebdomadaires des membres de l'Equipe.

1.4.3. Deux fonctions originales : le "Garant des intérêts du Stagiaire" et le "Vendeur"

Le "Garant des intérêts du Stagiaire" veille à ce que l'Accompagnement respecte scrupuleusement la prise en main, par la personne mentalement déficiente, de sa propre existence. Il s'assure tout spécialement du respect, par l'Equipe, de la véritable demande du Stagiaire. Cette fonction originale est propre au "Dispositif-CARAT en Accompagnement"[79]. Sa création s'inspire d'une pratique de plus en plus répandue dans le secteur marchand. De nombreuses entreprises ont en effet ouvert des postes de "*customer care*" chargés de veiller à la satisfaction du client.

Le "Vendeur" assure pour sa part le lien entre les Stagiaires de l'Accompagnement et le monde extérieur. Cette fonction est particulièrement importante pour la cellule Vie professionnelle. Le rôle du "Vendeur" est de rester en contact avec les employeurs potentiels pour mieux définir leurs attentes, les sensibiliser à l'engagement de jeunes travailleurs mentalement déficients et suivre au jour le jour les disponibilités du marché de l'emploi[80]. Cette position privilégiée lui permet d'anticiper les besoins du marché du travail en suggérant des formations (ou des orientations) professionnelles adaptées à la conjoncture.

2. L'Accompagnement comme lieu de restructuration de la perception du temps chez la personne mentalement déficiente adulte

Le mystère du temps interroge la conscience humaine depuis la nuit des temps. Dès l'Antiquité, deux approches de cette réalité se sont développées. Selon la première, le temps est ce par quoi le mouvement peut être mesuré ("*Le temps est le nombre du mouvement*")[81]. Selon la seconde, le temps est l'une des expériences privilégiées où la conscience humaine parvient à une perception d'elle-même (ce dernier point de vue prédomine chez Augustin, chez Bergson et dans la phénoménologie[82]). Selon ce second point de vue, les structures de la temporalité sont fondamentales pour comprendre ce qu'est l'expérience humaine[83].

L'homme vit donc dans le temps. Comme Aristote l'a très bien fait remarquer, il existe dans l'instant présent, ce point de passage entre un passé dont il peut à tout moment faire mémoire et un futur dans lequel il se projette.

La perception du temps vécu par la personne mentalement déficiente *adulte* n'a, à notre connaissance, guère retenu l'attention des spécialistes en dehors des milieux psychiatriques. Les études rassemblées par Serban Ionescu sur les "Stratégies d'intervention" ne laissent aucune place à l'analyse de ce problème.

Or, certains indices laissent penser que les personnes mentalement déficientes adultes habitent un temps vécu fracturé. Souvent en effet, la personne mentalement déficiente peut être (comme tout homme, au demeurant) prisonnière d'un passé qui aliène son présent et l'empêche de se projeter dans un avenir. A la racine de ce trouble de la perception du temps, on trouve généralement une longue histoire d'assistance (spécifique à la personne mentalement déficiente), d'échecs et de non-reconnaissance de sa valeur propre (expériences qui peuvent survenir dans la vie de tout homme).

En un sens, la personne mentalement déficiente est désappropriée de son temps. Cette désappropriation se manifeste principalement vis-à-vis de son passé et de son futur. De son passé, tout d'abord. Son expérience de vie antérieure, ce dont elle se souvient, ce dont elle peut faire mémoire, est aussi ce qui peut la conforter dans une image négative d'elle-même. De son futur, ensuite. Engourdie dans son passé, il arrive que la personne mentalement déficiente adulte ne puisse pas imaginer de futur pour elle.

La difficulté que rencontrent les personnes mentalement handicapées à structurer par elles-mêmes un projet de vie ne provient pas seulement de l'insuffisance de leurs fonctions intellectuelles supérieures, elle provient également de cette désappropriation du temps. Ce trouble rend également compte du caractère très général de nombreuses demandes qui s'expriment en premier accueil : "j'en ai marre de n'être rien", "il faut que cela bouge", "je veux une autre vie". Ce qui s'exprime à travers ces demandes, c'est finalement un malaise dans le vécu, par la personne, de l'instant présent. Le jeune adulte handicapé ne parvient pas à vivre son quotidien de manière heureuse et ce malaise est souvent ce qui le conduit à demander - avec ses moyens d'expression - un Accompagnement.

L'Accompagnement peut constituer pour ces personnes un lieu - et peut-être même le premier lieu - d'une réappropriation du temps. Celle-ci s'effectue principalement à travers deux attitudes fondamentales.

La première veut que l'Accompagnateur ne tienne pas compte du passé de la personne handicapée, ou, plus précisément, ne retienne dans ce passé que ce qui peut conforter la personne dans une évaluation positive de ses possibilités réelles. A travers cette attitude, l'Accompagnement peut contribuer à la "délivrer" de l'aliénation que son passé d'échecs fait peser sur l'organisation de son temps propre. Cette libération ouvre alors des perspectives d'avenir différent.

La seconde attitude fondamentale veut que la demande de la personne mentalement déficiente, telle qu'elle s'exprime au cours de l'accueil, soit objectivée par un Projet particulier qui sera atteint par étapes. Cette manière de procéder permet à la personne mentalement déficiente adulte de structurer positivement et progressivement - à son rythme - la réalisation de son (ou de ses) objectif(s), et par là même de son avenir.

La démarche d'Accompagnement vers une autonomie plus grande, permettant une participation de la personne mentalement déficiente aux différents réseaux sociaux, peut ainsi être lue comme une réappropriation des structures temporelles fondamentales de l'existence humaine[84].

3. L'Accompagnement et les autres "Stratégies d'intervention"

La grande différence entre la Normalisation et l'Accompagnement réside dans la perspective philosophique mise en oeuvre dans chacune de ces deux Stratégies. Comme nous l'avons vu, la Normalisation raisonne en termes d'intégration, alors que l'Accompagnement vise la participation des personnes mentalement déficientes à la société.

A première vue, il ne s'agit là que d'une question de mots.

La réalité, cependant, est tout autre. Alors que l'intégration vise essentiellement une entrée passive de la personne mentalement déficiente dans la société, la participation préconisée par le "Dispositif-CARAT en Accompagnement" tend à faire de l'adulte handicapé un partenaire de la vie sociale aussi engagé que possible. Plus radicalement que toute autre "Stratégie d'intervention", l'Accompagnement reconnaît que la personne mentalement déficiente ne possède pas seulement des droits, mais qu'elle a également des devoirs. C'est en ce sens que l'Accompagnement peut être défini comme une éducation à la responsabilité (voir *infra*).

La différence essentielle entre la Normalisation et l'Accompagnement réside toutefois dans la différence du regard porté sur la personne handicapée elle-même.

Nous l'avons dit, l'interprétation américaine de la Normalisation - dont le poids est considérable - est dominée par l'idée selon laquelle la personne mentalement déficiente est déviante par rapport aux autres êtres humains. Chez Wolfensberger, l'enjeu de la Normalisation est d'atténuer - voire de supprimer cette altérité qu'elle incarne.

Le handicap, quel qu'il soit, fait peur, sans doute parce qu'il renvoie tout homme, consciemment ou non, à la fragilité de sa propre condition. Aussi la tentation est-elle grande, sinon de mettre la personne handicapée à mort, du moins de la soustraire au regard collectif en la marginalisant. L'interprétation américaine de la Normalisation ambitionne de modifier la perception des personnes handicapées en voilant leur déviance.

Cette tendance s'accentue dans la Théorie de la Valorisation des Rôles sociaux. Selon cette Stratégie, la personne atteinte d'un handicap est socialement dévalorisée dans nos sociétés occidentales. Il faut donc tout mettre en oeuvre (au niveau de la société et au niveau de la prise en charge de ces personnes) pour les valoriser. L'importance d'une prise de conscience, au niveau des sociétés humaines, de leurs responsabilités envers les personnes déficientes est reconnue par tous les auteurs. Mais Wolfensberger a tendance à considérer une modification du regard social comme la clef de l'intégration des jeunes adultes handicapés. Ce faisant, il risque de méconnaître l'importance du dynamisme propre que ceux-ci peuvent mobiliser pour dépasser par eux-mêmes leur handicap.

Or, la grande révolution opérée par l'Accompagnement est précisément la mise en avant des potentialités propres de la personne mentalement déficiente. Tout comme le modèle développemental préconisé par Wolfensberger, l'Accompagnement éveille une prise de conscience, par la personne déficiente, de sa valeur propre. Mais l'Accompagnement y parvient autrement. Sa force est très précisément de rejoindre dès l'accueil la perception confuse, par l'adulte déficient, de ce que sa vie pourrait être. Disons-le autrement : le véritable étalon de l'Accompagnement n'est pas la normalité sociale, mais le plan de vie que le Stagiaire conçoit pour sa propre existence. L'Accompagnement est évidemment extrêmement sensible aux possibilités de vie concrète d'une personne mentalement déficiente dans la société :

l'importance du vecteur "orientation" tout au long de la démarche, la spécificité de la fonction de "Vendeur" et l'attention portée aux réseaux socio-professionnels dans lesquels évoluera la personne l'attestent à suffisance. Mais il reste que le véritable point de départ de cette démarche reste la personne elle-même, appréhendée à travers sa (ou ses) demande(s) comme centre autonome de vouloir, de désirs, de souffrances ou de joies, de projets.

Cette importance accordée au dynamisme propre de chaque individu situe l'Accompagnement dans la mouvance de la pensée personnaliste qui constitue l'une des poutres maîtresses de la pensée occidentale depuis l'Antiquité gréco-romaine et dont la vitalité actuelle n'est pas à rappeler.

Il nous semble enfin que l'Accompagnement se situe sur un autre terrain que celui du Plan de services individualisé. Celui-ci est conçu pour des personnes institutionnalisées alors que l'Accompagnement est une "Stratégie d'intervention" spécialement adaptée au milieu ouvert. Par ailleurs, bien plus que le Plan de services individualisé, l'Accompagnement s'attache au dynamisme de la personne. Un détail permet d'illustrer ce propos. L'une des règles méthodologiques du Plan de services individualisé veut que le maximum d'informations soit pris sur la personne avant qu'il ne se mette en place. Cette mesure, adoptée pour des raisons d'efficacité, risque toutefois de maintenir la personne déficiente dans le poids de son passé, plus souvent fait d'humiliations et d'échecs que de reconnaissance et de joies. En faisant abstraction du passé du Stagiaire, c'est-à-dire en partant des seules cartes mises sur la table pendant l'accueil, l'Accompagnement pose davantage le pari que la personne mentalement déficiente peut vouloir (et réussir) un nouveau départ dans la vie.

4. Conclusion

Depuis la plus haute Antiquité, les personnes insuffisantes mentales ont été exclues de toutes les formes de la vie sociale (notamment professionnelle et culturelle).

En pratique, seul l'"idiot du village" avait des chances d'être intégré (et d'une certaine manière respecté) dans son cadre de vie.

Il fallut attendre les initiatives prises par une poignée de médecins au XIXème siècle pour que ces jeunes soient pris en charge par le biais d'une pédagogie adaptée. Trop souvent cependant, la réponse donnée à leur encadrement passait par leur placement en institution fermée. Les premiers véritables essais d'intégration de ces personnes à la vie concrète des sociétés sont récents. La Normalisation et le Plan de services individualisé, notamment, ont vu le jour il y a seulement une petite trentaine d'années.

La mise au point de l'Accompagnement, qui peut se définir comme une nouvelle méthode de participation des personnes handicapées à la vie sociale, s'inscrit également dans ce contexte. Apparue en Europe continentale à la fin des années soixante-dix cette démarche connaît actuellement un essor remarquable. Au sein de ce mouvement, le "Dispositif-CARAT en Accompagnement", né en 1977 et reconnu pilote par le Fonds Social Européen en 1983, présente une très grande originalité. Il propose sans doute l'organisation la plus élaborée de ce que devrait être un service d'Accompagnement de demain.

Les renversements opérés par cette méthode sont en effet loin d'être négligeables. Cette Stratégie se situe en effet aux antipodes du schème médical traditionnel "diagnostic-prescription-traitement" pour rejoindre en profondeur les meilleures intuitions de la médecine pédagogique du XIXème siècle. En préconisant une écoute globale des personnes mentalement déficientes en milieu ouvert, cette stratégie se dote de moyens susceptibles de promouvoir leur véritable participation à la vie sociale. En remettant au Stagiaire lui-même la formulation d'un projet de vie, le choix des étapes pour l'accomplir et le rythme de sa réalisation, l'Accompagnement se centre radicalement sur le jeune adulte mentalement déficient en le reconnaissant comme un foyer de décisions, de vouloir, de souffrances, de joies et de projets.

Chapitre 4

LE "DISPOSITIF-CARAT EN ACCOMPAGNEMENT"

II. Les outils***

Les outils de l'Accompagnement sont une des réalisations les plus remarquables de cette "Stratégie d'intervention". Selon P. Leboutte et M.-N. Auriol, les outils permettent une "adaptation permanente du savoir et du savoir-faire de l'Equipe"[85]. Ils peuvent être définis comme des moyens (le plus souvent imaginés et créés de toutes pièces par les Accompagnateurs) favorisant le dépassement, par les Stagiaires, de leur handicap. C'est ainsi que l'"Agenda du Stagiaire" est spécialement conçu pour aider les personnes mentalement déficientes à organiser leur temps (une difficulté souvent rencontrée).

Ce chapitre est consacré à la description de quatre outils : le jeu "*66 Carats pour l'emploi*", fréquemment utilisé dans la cellule *Vie professionnelle*, le "*Kit Sécurité*", permettant aux Stagiaires d'évoluer dans leur environnement avec un maximum de sécurité, l'"*Agenda*" et le "*Répertoire d'adresses*", deux outils de gestion du temps et de l'espace adaptés aux besoins particuliers d'une personne déficiente mentale.

1. "66 Carats pour l'emploi"

Cet outil pédagogique, entièrement conçu et imaginé par les Accompagnateurs de CARAT, emprunte ses notions de base à deux jeux disponibles dans le commerce : le *Jeu de l'Oye*, de facture ancienne, et le *Trivial Poursuit*, de création récente.

Qui dira un jour les relations entre le Jeu de l'Oye et les célèbres *Contes de ma mère l'Oye*, de Charles Perrault ? Toujours est-il que peu de jeux ont captivé l'attention des enfants avec autant de force, et ce depuis quelques siècles déjà. Rappelons que les joueurs héritent chacun d'une oie de couleur qu'ils font avancer tout au long d'un parcours de soixante-trois cases. De nombreux emplacements sont individualisés : ils permettent au joueur qui les atteint de reculer, d'avancer, de relancer les dés, voire de rester en prison dans l'attente d'une délivrance. La première oie qui parvient à la case soixante-trois remporte la partie.

Le jeu *66 Carats pour l'emploi* utilise le même type de surface de jeu (celle-ci comprend soixante-six cases et non plus soixante-trois comme dans le *Jeu de l'Oye* traditionnel). Les joueurs, des personnes mentalement déficientes en période de formation le plus souvent, sont équipés chacun d'un pion et d'un dé qu'ils font rouler à tour de rôle. Le pion avance du nombre de cases indiqué sur la face du dé sélectionnée par le lancer. Il existe deux types de cases : les premières sont neutres (elles portent le sigle CARAT), tandis que les secondes renvoient à différentes séries de questions. Ces dernières sont consignées dans six séries de fiches portant sur différentes matières de la législation sociale et des démarches administratives liées au travail :

- Jaune : administration générale
- Violet : législation sociale pour les personnes handicapées
- Bleue : vie professionnelle (et touchant principalement la législation du travail)
- Rouge : mutuelle, maladies
- Verte : droit du travail.

- Brune : chômage, syndicats.

Voici un exemple de question proposée aux joueurs.

Dans la série rouge : Quand faut-il s'inscrire à la mutuelle ?
Réponse : toute personne entrant sur le territoire belge doit être en ordre de mutuelle. Il faut s'inscrire à la mutuelle si on arrête les études ou si on a vingt-cinq ans et qu'on est encore étudiant.
Dans la série jaune : Comment obtenir une carte d'identité ?
Réponse : en se rendant à la maison communale de la commune où l'on est domicilié, avec une photo d'identité.
Dans la série violette : Qu'est-ce qu'une allocation d'intégration ?
Réponse : l'allocation d'intégration est destinée aux personnes dont le manque ou la réduction d'autonomie est établi.
Dans la série verte : Que doit-on apporter comme documents quand on va s'inscrire à l'ORBEM (Bruxelles) ou au FOREM (Wallonie) ?
Réponse : sa carte d'identité et, éventuellement, une attestation de fin d'études.
Dans la série bleue : Qu'est-ce qu'une pension ?
Réponse : c'est la rémunération qu'une personne ayant atteint 60 ans pour une femme ou 65 ans pour un homme reçoit après avoir cessé légalement son activité professionnelle.
Dans la série brune : Que signifie "aller pointer" ou "se présenter au bureau de contrôle du chômage" ?
Réponse : cela signifie que la personne doit aller au bureau de pointage avec sa carte afin d'y faire apposer un cachet. C'est le contrôle sur le chômeur effectué par l'Etat, débiteur des allocations de chômage.
Chaque fiche porte la question au recto et la réponse au verso. La réponse correcte à la question permet au joueur de continuer. Il doit en revanche passer son tour en cas d'erreur, la bonne réponse lui étant fournie par l'Accompagnateur, avec explications complémentaires si nécessaire. Le premier joueur qui parvient à la case 66

gagne la partie. Cet outil pédagogique est couramment utilisé dans la cellule Vie professionnelle.

La personne handicapée qui se présente à CARAT trouve dans ce jeu une manière plaisante et commode d'évaluer ses connaissances dans un certain nombre de domaines utiles pour l'organisation de sa vie.

Le jeu "*66 Carats pour l'emploi*" permet également aux Accompagnateurs de se faire une idée (souvent assez précise) du degré de maîtrise des problèmes pratiques dont témoigne le nouveau Stagiaire.

Cet outil pédagogique permet enfin un apprentissage par le jeu de certaines données de base indispensables à la vie quotidienne.

2. Le "*Kit Sécurité* "

Le "Dispositif-CARAT en Accompagnement" permet aux Stagiaires demandeurs d'accéder à une plus grande autonomie générale. Cette prise progressive d'autonomie les amène souvent à prendre certains risques inévitables. Le service Accompagnement de CARAT a créé un outil, le "*Kit Sécurité*", qui permet aux Stagiaires d'évoluer dans un environnement extérieur avec un maximum de sécurité.

Ce "kit" est construit sur le modèle d'un portefeuille à quatre rabats. Un système de velcro permet une fermeture fiable et facile de l'outil. Son contenu est modulable selon les besoins de chaque utilisateur. Il est adapté aux normes européennes fixant les dimensions des documents.

Le *premier rabat* contient la carte d'identité et, si tel est le cas, le document établissant un statut de minorité prolongée. Une petite fiche représente les différentes langues parlées en Europe. La personne mentalement déficiente peut cocher la sienne. Enfin, ce premier rabat comprend également une liste de personnes contactables aux différents moments de la journée ou de la semaine et qui sont habilitées à intervenir en cas de nécessité.

Le *deuxième rabat* réunit des informations médicales importantes en cas de malaise ou d'accident, que ces derniers surviennent sur la voie publique ou au domicile. Rappelons que les personnes mentalement déficientes souffrent fréquemment de problèmes neurologiques, l'épilepsie notamment. Un document stipule également le ministre du culte qui peut être convoqué si le détenteur se trouve en danger de mort.

Par ailleurs, un petit pictogramme précise si la personne est atteinte de surdité ou d'aphasie. Il peut lui arriver d'être interpellée par un policier ignorant ses problèmes. Dans ces situations, la présentation d'un document expliquant ses difficultés peut éviter bien des conflits et bien des quiproquos.

Le *troisième rabat* concentre tous les documents en lien avec la mutuelle (vignettes, carte "mutuelle", formulaire E111, etc.) ou toute assurance particulière de voyage (Europe-Assistance, etc.), autorisation de voyage légalisée par les parents ou représentants légaux.

Le verso de ce troisième rabat, visible portefeuille ouvert, reçoit les cartes d'abonnement aux transports en commun. Ce système permet une présentation rapide et immédiate de ces documents. L'expérience enseigne en effet que certains Stagiaires perdent, de manière souvent imprévisible, leur calme et leur sang-froid à l'approche du train ou du métro, cherchant fébrilement leur abonnement et ratant parfois leur communication. Ces réactions surviennent également en cas de contrôle, de sorte que certains Stagiaires se voient parfois infliger une amende pour non-présentation du titre de transport alors que la preuve de leur bonne foi se trouve enfouie au fond d'une poche ou d'un sac.

Le *quatrième rabat* concerne la communication : l'utilisation du téléphone et la capacité à s'exprimer verbalement. Cette partie accueille les télécartes, une réserve de pièces de monnaie ou jetons de téléphone, les numéros d'appel à former dans différentes situations problématiques. Un plan d'accès au domicile peut encore y trouver place. Le verso de ce quatrième rabat porte une réserve de papier ainsi qu'un bic maintenu par une ficelle.

3. L'"*Agenda*"

Parmi les problèmes de la vie concrète présentés par les personnes mentalement déficientes *adultes*, on trouve en particulier une difficulté dans la gestion du temps, dans la mémorisation des trajets, dans la lecture et dans l'écriture.

L'un des Projets particuliers (PP) les plus fréquemment ouverts dans la cellule Formation générale est précisément la maîtrise de la gestion du temps, ce qui signifie en pratique : apprendre à lire l'heure, à se repérer dans la journée, à organiser ses activités, à se déplacer dans la ville ou à aller d'une localité à l'autre, à gérer son budget.

Le Stagiaire a cependant besoin d'un support lui permettant, dans la vie de tous les jours et à tout moment, d'utiliser ou d'entretenir ces apprentissages. L'utilisation d'agendas et de répertoires d'adresses répond bien à cette nécessité. Malheureusement, les modèles existant dans le commerce ne répondent pas exactement aux besoins spécifiques des personnes mentalement déficientes.

La cellule Formation générale a donc créé un agenda complété d'un répertoire d'adresses répondant de manière plus adéquate aux difficultés rencontrées par les Stagiaires.

Son organisation insiste sur la structuration de l'année en mois, du mois en semaines, de la semaine en jours de travail et jours de repos, du jour en avant-midi, en heure de table, en après-midi, en soirée et en nuit.

Pour pallier les difficultés de lecture, chaque mois est défini par un graphique évocateur. C'est ainsi que le mois de juillet est représenté par un idéogramme des vacances et que le mois de décembre est symbolisé par une évocation des fêtes de Noël.

L'utilisation de couleurs différentes selon les jours de travail ou de week-end (les jours ouvrables sont représentés en bleu, les dimanches ou jours fériés en rouge et les samedis en vert), celle de repères généraux (fêtes officielles, religieuses, etc.) et personnels (anniversaire, etc.), le rappel systématique de la position du jour dans le déroulement du mois et de l'année permettent au Stagiaire de se situer à tout moment dans le temps et de maîtriser des notions souvent vagues pour lui comme "demain", "hier", dans un mois", etc.

L'agenda d'une journée est divisé en deux volets qui se correspondent : un volet de droite reprenant les heures et les rendez-vous et un volet de gauche "aide-mémoire" signalant les idées, les événements, les activités à ne pas oublier.

Le volet droit, "planification de la journée", est découpé en quatre périodes : l'avant-midi, l'heure de table, l'après-midi et la nuit. Son utilisation est explicitée dans le Tableau 4.

A noter que les feuillets journaliers ne diffèrent en aucun point (format, dimension, rubrique) qu'il s'agisse d'un jour ouvrable ou d'un jour de repos, ce qui n'est généralement pas le cas pour les agendas classiques.

Signalons enfin que le contenu de cet agenda est modulable en fonction des besoins de telle ou telle personne. C'est ainsi que des modules "gestion d'un budget" ou "vivre chez soi" peuvent être intégrés selon les Projets particuliers suivis par les Stagiaires.

Le volet "aide-mémoire" reprend, sous forme d'idéogrammes, des notions comme : penser à, fêter, téléphoner, rencontrer, faire, payer, acheter, prendre des médicaments, etc.

Les Stagiaires, selon leurs possibilités graphiques, consignent leurs activités sous forme écrite, dessinée ou utilisent des idéogrammes autocollants si leur habileté manuelle se trouve très réduite.

Tableau 4 : Utilisation du volet "planification de la journée" dans l'Agenda du Stagiaire

Légende : Sur cette représentation de deux pages du prototype de l'"*Agenda*", les quatre périodes de la journée (l'avant-midi, l'heure de table, l'après-midi et la soirée) sont subdivisées en heures et en demi-heures. Elles sont également illustrées par des idéogrammes décrivant la position relative du soleil, des étoiles ou de la lune par rapport à la terre. Dans ce cas concret, le Stagiaire a écrit en vert l'heure de son lever, en rouge celle de ses courses, en mauve celle de son repas de midi et en turquoise celle de son rendez-vous à CARAT. On observe que l'utilisation de cet outil permet à la personne mentalement déficiente de se projeter dans le temps et de se rendre compte qu'une activité n'occupe pas nécessairement toute une journée mais, au contraire, qu'elle peut être précédée et suivie par une ou plusieurs autres.

4. Le "*Répertoire d'adresses*"

Cet outil, également conçu dans la cellule *Formation générale*, permet au Stagiaire d'améliorer la gestion de son espace-temps. De nombreuses personnes d'ailleurs demandent à l'intégrer totalement ou en partie à leur agenda. Le "*Répertoire d'adresses*" est basé sur le principe de deux volets par personne, organisme ou institution répertoriés (Tableau 5).

Le volet droit est divisé en trois parties.
La première partie permet un premier repérage d'une personne ou d'une institution grâce à une photo ou à un idéogramme. Ici aussi, la forme des informations peut être modulée selon l'importance du handicap. Les renseignements peuvent être manuscrits ou encore consignés sous forme de photos ou d'idéogrammes. Par exemple, une banque sera identifiée par son logo. Le numéro de téléphone est consigné à cet endroit. Une rubrique intitulée "qui ? - quoi ?" permet au Stagiaire de situer rapidement le rôle de la personne dans son environnement socio-professionnel.
La deuxième partie reprend le nom (en lettres, cette fois), l'adresse complète, c'est-à-dire la rue, le numéro, la boîte postale, l'étage (entre parenthèses), le code postal, la localité et le pays (également entre parenthèses).
La troisième partie décrit avec précision le trajet à effectuer pour se rendre à l'adresse en question, en transports en commun, tant à l'aller qu'au retour. Trois notions sont clairement distinguées : tout d'abord, les stations d'arrivée et de départ; ensuite, les lignes de métro, de tram ou de bus que le Stagiaire doit emprunter pour un déplacement déterminé; enfin, la direction générale (aller ou retour). La durée du déplacement peut être complétée sur le pictogramme d'une horloge.
Une fine zone située au bas de ce volet permet d'indiquer différentes informations comme : les heures d'ouverture et fermeture, celles de consultation, etc.

Une série d'intercalaires permet au Stagiaire de moduler son "*Répertoire d'adresses*" selon ses goûts. Il peut ainsi grouper ses amis, les membres de sa famille, ses connaissances professionnelles.

Le volet gauche est lui aussi structuré en trois rubriques.

La première rappelle les consignes que le Stagiaire doit respecter avant de se rendre à l'adresse répertoriée. Un exemple : avant de se rendre chez un médecin, il doit prendre un bain, enfiler des vêtements propres et se munir de son carnet ainsi que de ses vignettes de mutuelle.

La deuxième rubrique reprend l'adresse qu'il doit recopier sur l'enveloppe de tout courrier destiné à la personne ou l'organisme.

La troisième partie permet d'indiquer un plan des rues, et leur nom, à suivre à pied pour arriver à destination, que ce soit au départ du domicile ou du dernier arrêt de transport en commun.

Une pochette contient des étiquettes imprimées (de la mutuelle, par exemple). Ce dispositif simple permet à ces personnes d'avoir sous la main tout ce dont elles pourraient avoir besoin.

Tableau 5 : Le "Répertoire d'adresses"

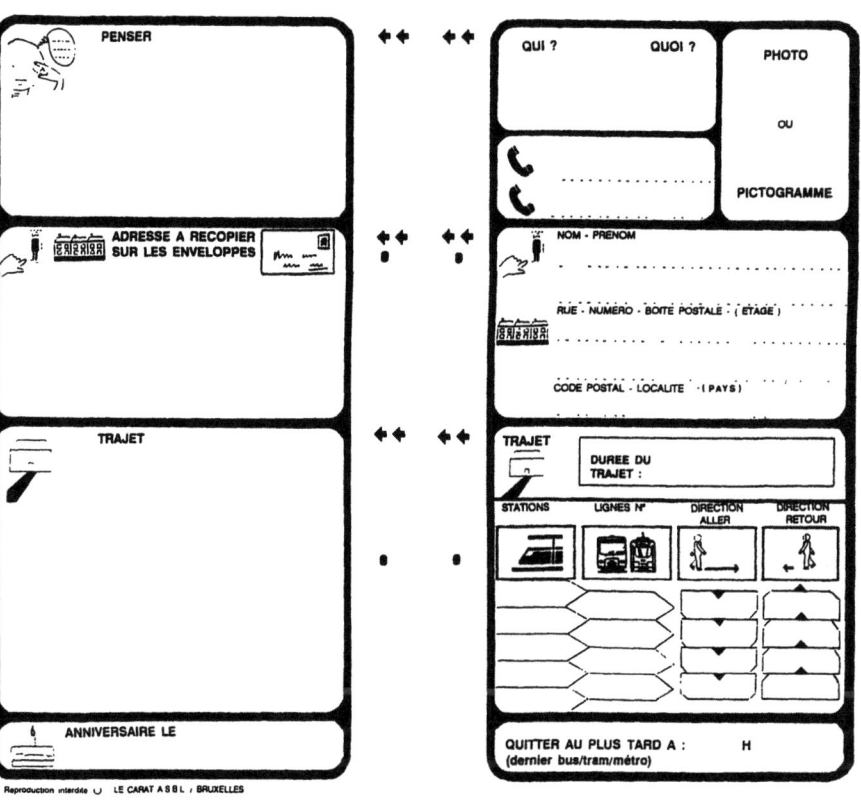

Légende : représentation de deux pages du prototype du *"Répertoire d'adresses"*. On remarquera le grand nombre de pictogrammes permettant à la personne mentalement déficiente adulte (souvent confrontée à des difficultés de lecture) de distinguer sans effort les différentes parties. On notera également que la correspondance entre les volets de droite et de gauche est étudiée très rigoureusement.

5. Conclusion

Ces outils - et tout spécialement leur emploi modulable - ont l'avantage d'être utilisables par n'importe quel Stagiaire qui s'adresse au "Dispositif-CARAT en Accompagnement".

Les trois outils que nous avons décrits rejoignent en fait trois finalités différentes que nous avons déjà rencontrées lors de la description des vecteurs de l'Accompagnement..

Le jeu "*66 Carats pour l'emploi*" est exclusivement un outil de formation. Il permet à la personne mentalement déficiente de se familiariser avec les mécanismes régissant le monde du travail. Sa dimension ludique permet une démystification et un apprentissage agréable d'un univers souvent redouté par l'ensemble des travailleurs pour son aspect rébarbatif.

Le "*Kit sécurité*" permet au Stagiaire d'évoluer dans un environnement plus sécurisant. Il lui permet de vivre sans angoisse excessive son entrée dans les différents réseaux des sociétés modernes. Il l'autorise à prendre des risques supplémentaires, passage inévitable vers une plus grande autonomie. Cet outil illustre bien ce que signifie le vecteur aide dans une démarche d'Accompagnement.

L'"*Agenda*" est fondamentalement un outil de gestion du temps et de l'espace. Ce support de la vie quotidienne permet à la personne mentalement déficiente de maîtriser ses horaires, ses échéances et ses déplacements. Il rejoint ainsi à la fois les vecteurs "formation permanente et entraînement" de toute démarche d'Accompagnement.

L'utilisation et la maîtrise de ces différents outils permettent ainsi aux Stagiaires d'évoluer dans un environnement plus stable, mieux compris et donc plus facilement exploitable. Ces outils élargissent ainsi leurs possibilités d'action et favorisent leur participation à la vie sociale.

Chapitre 5

LE "DISPOSITIF-CARAT EN ACCOMPAGNEMENT"

III. Ethique

> "*Mais avant de proscrire le grec, y avez-vous pensé, Messieurs ? Car enfin que ferez-vous sans grec ? Voulez-vous, avec du chinois, une bible copte ou syriaque, vous passer d'Homère et de Platon ? Quitterez-vous le Parthénon pour la pagode de Jagernaut, la Vénus de Praxitèle pour les magots de Fo-hi-Can ? ...*"
>
> P.-L.Courier, *Lettre à MM. de l'Académie*

Les questions situées à l'intersection de la philosophie, de la théologie, de la philosophie politique et des sciences biomédicales - problèmes qui, de toute évidence, engagent une conception de l'homme - constituent sans nul doute l'un des enjeux intellectuels majeurs de la fin du XXème siècle.

Ils sont communément traités par une discipline nouvellement intronisée dans l'*establishment* universitaire, la "Bioéthique". Mais qu'est-ce à dire ? Quel est l'objet de cette science neuve ? Quelles sont ses ambitions et quelle est sa portée ? Selon l'étymologie, cette science pourrait se définir comme une étude réflexive des moeurs de l'homme.

Plus radicalement, la bioéthique entend reprendre à son compte l'interrogation séculaire de l'homme sur le bien et le mal, qui, jusqu'il y a peu, était l'objet formel de la morale.

Or, selon notre thèse, l'Accompagnement des personnes mentalement déficientes est une "Stratégie d'intervention" inspirée par une conception personnaliste de l'homme. Il ne faut donc pas s'étonner si sa mise en oeuvre repose sur une éthique - ou sur une morale - bien précise des relations interpersonnelles.

1. La bioéthique : origine du terme et positionnement par rapport à la morale

Nos contemporains savent-ils que le concept de "*Bioéthique*" dont ils sont si friands est construit à partir de deux termes grecs, "*bios*" et "*êthos*" dont les correspondants latins sont "*vita*" et "*mos*"? "*Bios*" et "*vita*" signifient globalement le vivant, la vie. Le terme "*êthos*" (tout comme son homologue latin "*mos*") recèle une grande polysémie. Sur le fond, le mot "bioéthique" s'enracine dans ce riche terreau conceptuel.

1.1. L'évolution sémantique du terme "*êthos*"

Selon A. Bailly, que nous suivons sur ce point, la polysémie du terme grec "*êthos*" est considérable. L'on s'en convaincra aisément en parcourant rapidement les différentes significations qu'il a revêtues au cours de l'histoire.

Un premier ensemble de sens vise le lieu d'habitation habituel d'êtres vivants. Le mot "*êthos*" signifie ainsi la demeure des animaux. C'était déjà le cas chez Homère :

"*Et, sûr de sa force éclatante, ses jarrets promptement l'emportent vers les lieux familiers où paissent les cavales.*[86]"

Dans le même ordre d'idées, "*êthos*" désigne la tanière des lions chez Hérodote[87] et le nid des oiseaux dans le traité pseudo-aristotélicien *Du monde*[88].

Par extension à l'être humain, le substantif "*êthos*" désigne le territoire d'un peuple ("*Il (Ardys) régnait à Sardes lorsque les Cimmériens, chassés de leur territoire par les Scythes nomades, vinrent en Asie et s'emparèrent de la ville, sauf l'acropole*")[89], le lieu de séjour d'une famille[90] ou la terre natale de quelqu'un [91].

"*Ethos*" peut enfin avoir une portée cosmologique. Hérodote l'utilise en effet pour désigner les endroits de l'horizon où le soleil se lève et se couche habituellement :

"*Ils m'ont dit encore que, pendant cette période, le soleil s'était quatre fois levé ailleurs qu'en son point accoutumé, et qu'il s'était levé deux fois à l'endroit où maintenant il se lève.*[92]"

Dans un deuxième ensemble de sens, "*êthos*" désigne tout ce qui présente un caractère habituel. De lieu d'habitation, il en vient à signifier les coutumes. Ainsi, chez Hérodote : "*... en leur faisant connaître les coutumes de l'Egypte.*[93]" Dans la tragédie attique, "*êthos*" prend une acception plus individuelle et désigne la manière d'être d'une personne, ses habitudes, son caractère[94].

Dans la langue philosophique classique, le terme "*êthos*" signifie une disposition de l'âme ou de l'esprit. Ainsi, chez Platon : "*le premier de ces caractères est une conséquence de la beauté de l'expression...*[95]"

La première réflexion construite sur l'éthique se trouve chez Aristote, auteur d'une *Ethique à Eudème* et d'une *Ethique à Nicomaque*. Selon son habitude, le Stagirite assume pleinement l'évolution sémantique du mot "*êthos*". C'est ainsi que l'*Ethique à Nicomaque* contient la description des caractères les plus courants (le courageux et ses contraires, le lâche, l'audacieux, l'insensible, par exemple). Cette dimension de l'éthique, qui consiste à brosser les principaux types humains, traverse les âges. On la retrouve chez Théophraste, chez Albert le Grand et chez Thomas d'Aquin, et plus tardivement dans la littérature européenne des XVIème et XVIIème siècles, dont on dit habituellement qu'elle était l'oeuvre d'écrivains moralistes[96]. Erasme n'a pas voulu procéder autrement dans ses *Colloques*[97], l'un des ouvrages les plus souvent réimprimés au XVIème siècle, tandis que *"Les caractères"* de La Bruyère sont sous-titrés *"Les moeurs de ce siècle"*[98].

Cet aspect descriptif de l'éthique rend également compte du lien très étroit qui s'est constamment noué entre cette discipline et le théâtre. D'Aristophane à O'Neill, en passant par Térence, Marlowe, Shakespeare et Molière - ou du moins chez celui qui se faisait passer pour Molière -, l'art comique ou dramatique a toujours voulu faire prendre conscience au public du bien-fondé de la pratique des vertus les plus fondamentales.

Mais aussi, chez Aristote, la réflexion éthique va plus loin qu'une simple description des moeurs. Pour le Stagirite, l'éthique est fondamentalement la recherche de ce qui est bien pour l'homme :

"... le bien de l'homme sera une activité de l'âme selon la vertu, et, s'il y a plusieurs vertus, selon la meilleure et la plus achevée.[99]*"*

Plus loin, le Stagirite distingue entre la vertu de la pensée, transmissible par l'enseignement - c'est l'enjeu éthique de toute pédagogie (aussi ne faut-il pas s'étonner si tous les philosophes - y compris Kant et Hegel - ont abordé ce point avec une vive attention)-, et la vertu du caractère, qui, loin d'être un don de la nature, est un fruit de l'habitude.

Cette réhabilitation de l'habitude témoigne d'une réelle profondeur de pensée. Elle implique en effet que l'acquisition de la vertu procède d'une lutte quotidienne - et libre - de l'homme avec lui-même, c'est-à-dire en définitive avec ses passions et avec son *"êthos"*. Est vertueux celui dont les décisions dûment mûries s'écartent en toute chose des extrêmes :

"... la vertu est un état habituel qui dirige la décision, consistant en un juste milieu par rapport à nous, dont la norme est la règle morale, c'est-à-dire celle-là même que lui donnerait le sage.[100]"

On le sait, l'*Ethique à Nicomaque* établit une hiérarchie entre les différentes vertus. C'est ainsi que l'idéal humain défini par le Stagirite s'exprime dans la figure du magnanime, seul capable d'amitié vraie et d'engagement sage dans l'administration de la Cité[101].

Après la mort d'Aristote, les stoïciens déplacèrent le centre de gravité de l'éthique. Selon ces auteurs, le sage est celui qui adapte son comportement aux grandes lois de la nature, métaphysiquement identifiée à Dieu[102]. On observe un déplacement aussi considérable chez les Pères de l'Eglise, puisque ces derniers voient dans l'imitation de Jésus-Christ le fondement de la vie morale[103].

1.2. L'équivalence de l'éthique et de la morale

Les penseurs romains se sont entièrement inscrits dans ces perspectives. En un sens, ils se sont contentés de débaptiser l'éthique. Spectateur lucide et glacé de l'agonie de la République romaine, Cicéron écrivait ce qui suit :

"(l'"éthique") ... parce qu'elle a trait aux moeurs, en grec "êthos"; nous, pour désigner cette partie de la philosophie, nous disons couramment "philosophie" des moeurs, mais c'est le cas d'enrichir notre langue et de l'appeler "morale".[104]"

Par ces mots, Cicéron situe la morale romaine dans le prolongement des théories éthiques proposées par les philosophes grecs. Mais ce passage du monde grec au monde latin s'est fait par un intermédiaire inattendu, le théâtre latin - et tout particulièrement celui de Térence. Profondément imprégné des idées maîtresses de l'*Ethique à Nicomaque*, ce jeune Africain, mort à trente ans après avoir révolutionné la scène, fut l'un des intermédiaires privilégiés entre l'éthique grecque et la morale latine[105]. Selon Aelius Donatus, un grammairien romain du IIIème siècle qui fut professeur de saint Jérôme, l'adverbe latin *"moraliter"* signifiait déjà *"conformément au caractère d'un personnage dramatique"*[106].

L'on doit à Térence un vers extraordinaire, qui constitue l'une des racines de tout l'humanisme personnaliste occidental, et dont l'application à la problématique des personnes mentalement déficientes est lourde de conséquences :

"Je suis homme, et rien de ce qui touche l'homme ne me paraît indifférent"[107].

Ce double point de départ - l'enracinement de l'éthique dans la compréhension de tout ce qui est de l'homme et l'aspiration au bien par l'exercice de la vertu - est plus intéressant qu'il ne semble à première vue. D'une part en effet, il prend en considération la conduite des hommes telle qu'elle est pour ordonner les unes par rapport aux autres les différentes valeurs qui y sont vécues. D'autre part, il manifeste que la vocation profonde de l'éthique est de conduire librement l'homme au-delà de ce qui est de l'ordre du pur factuel.

L'ambition essentielle de l'éthique est en effet de penser les situations concrètes dans l'éclairage des exigences éternelles de la loi morale. Or, celles-ci sont aussi immuables que les aspirations les plus fondamentales du coeur humain. La vocation constante de l'éthique est ainsi de rappeler à la conscience humaine que sa grandeur, et parfois son héroïcité, consiste à inscrire l'aspiration au vrai et au bon, présente en tout homme, dans les circonstances quotidiennes de la vie.

De ce point de vue, les grandes "Stratégies d'intervention" - et parmi ces dernières, l'Accompagnement tout spécialement - offrent une réponse réaliste aux phénomènes de marginalisation que les personnes mentalement déficientes ont subis tout au long de l'histoire.

2. Bref survol de l'histoire du problème des personnes handicapées : réalités et enjeux éthiques

Les personnes mentalement déficientes sont-elles des êtres humains à part entière ? Quelle est leur place dans la société ? Ces deux questions sont posées (et vécues) en Occident depuis la plus haute Antiquité. Les civilisations grecque et romaine se sont prononcées globalement en faveur de leur exclusion. Seuls les médecins tentèrent d'adoucir leur sort, comme le révèlent certains traités du *Corpus hippocratique, Articulations* et le *Mochlique* en particulier.

Ce processus d'exclusion est aujourd'hui bien connu. Il commençait dans la famille. Dès la naissance, chaque nouveau-né était présenté au père de famille qui décidait de sa vie ou de son exposition aux bêtes sauvages. Ce choix survenait au cours d'une cérémonie d'origine religieuse, les *Amphidromies*.

Les enfants abandonnés ne mouraient pas toujours. Un grand nombre d'entre eux était recueilli par des paysans (ils entraient dès lors généralement dans leur famille), par des proxénètes (qui les recyclaient dans les circuits de la prostitution) ou par les trafiquants d'esclaves. La dramaturgie attique, tout comme sa consœur latine, a puisé nombre de ses intrigues dans cette pratique de l'exposition (et dans les trafics qu'elle alimentait). Euripide fait de l'histoire d'Ion le thème de l'une de ses tragédies et Térence utilise celui du fils abandonné et retrouvé dans l'*Heautontimoroumenos*.

Il faut attendre l'avènement du christianisme pour qu'un changement de regard s'opère vis-à-vis de ces personnes. La pensée patristique propose une nouvelle conception de l'homme. Celui-ci est compris comme un être "créé à l'image et à la ressemblance de Dieu" (*Genèse* 2, 26). Selon cette vision, tout homme porte en lui la trace du mystère de Dieu, et cela quels que soient sa position sociale, ses handicaps ou sa trajectoire de vie. Cette doctrine n'était pas sans conséquences pratiques. A une époque où la vie humaine ne comptait pas, elle enseignait l'égalité de tous les hommes, qui avaient droit au respect à ce seul titre. Il est tout à fait remarquable que les premiers textes de lois régissant la vie de la jeune Eglise (connus sous le nom d'écrits canoniques primitifs) proposent des mesures concrètes pour abolir la discrimination que les sociétés antiques pratiquaient entre les personnes handicapées et les autres (notamment la *Tradition apostolique* et les *Constitutions apostoliques*). En particulier, les *Constitutions apostoliques* admettent qu'une personne handicapée accède à la dignité épiscopale. Parallèlement à ces dispositifs juridiques, l'Eglise suscita l'apparition des premiers centres d'accueil pour les miséreux, dont un nombre appréciable était atteint d'insuffisance mentale. Ces premières structures devinrent les matricules du VIème siècle, les *xenodochia* de l'époque carolingienne et les hospices médiévaux.

En dehors d'Avicenne, philosophe-médecin arabe du XIème siècle, et de Maïmonide, le plus grand penseur juif du Moyen Age, l'insuffisance mentale ne retint l'attention des chercheurs qu'à la Renaissance. Rappelons les travaux de Paracelse (1493-1541) qui, le premier, distingua l'insuffisance mentale des maladies mentales, ceux de Félix Platter (1536-1614), qui, pour sa part, consacra sa vie à l'étude des différentes formes d'aliénation mentale et, enfin, ceux d'Ambroise Paré (1510-1590), qui publia en 1573 son traité *Des monstres et de prodiges*. A cette époque, les personnes mentalement déficientes continuent à se fondre dans le flux des exclus (miséreux, personnes atteintes d'une malformation, fous, idiots) que l'Occident charrie de siècle en siècle depuis ses plus lointaines origines.

L'un des plus grands intellectuels de cette époque, Erasme, sut magistralement exprimer le malaise que ses contemporains ressentaient vis-à-vis du handicap.

"... Si ton fils venait avec une tête en pain de sucre, une bosse déformante, un pied-bot, une main à six doigts, quel ne serait pas ton déplaisir, quelle honte n'éprouverais-tu pas à être appelé père d'un monstre et non d'un homme ! Mais de son esprit, qui est aussi monstrueux, tu n'aurais point de honte ?

Dans quel découragement la venue au monde d'un enfant stupide et abruti ne plonge-t-il pas son père et sa mère ? A leurs yeux, en effet, ce n'est pas un être humain qu'ils ont engendré, mais un monstre, et si la crainte des lois ne les en empêchait, ils livreraient à la mort celui qu'ils ont fait naître.[108]"

L'histoire du handicap en général connaît un renouvellement avec la refonte de la psychiatrie par Ph. Pinel (1745-1826). A sa suite, de nombreux auteurs, J.-P. Falret (1794-1870) et F. Voisin (1794-1872) notamment, imaginèrent un enseignement spécialisé pour ces jeunes. En contrepartie, Et. Esquirol (1772-1840) fut l'un des créateurs du système institutionnel moderne.

Tout au long du XIXème siècle et jusqu'à la Seconde Guerre mondiale, des initiatives de plus en plus nombreuses et de plus en plus diverses furent prises en faveur des personnes handicapées.

Finalement, la *Déclaration des Droits du Déficient Mental* du 20 décembre 1971 par l'Organisation des Nations Unies applique à ces hommes et à ces femmes les principes fondamentaux qui animaient la *Déclaration Universelle des Droits de l'Homme*, de décembre 1948[109].

Tout naturellement, de nombreuses législations nationales ont vu le jour après la Seconde Guerre mondiale. En Belgique, les lois du 28 avril 1958 et du 16 avril 1963 aboutissent à la création du *Fonds National de Reclassement Social des Handicapés* (FNRSH), actuellement *Fonds Communautaire d'Intégration Sociale et Professionnel pour les Personnes Handicapées*[110].

Comme son nom l'indique, cette structure favorise autant que possible le reclassement des jeunes handicapés mentaux. Son action d'aide aux garçons et aux filles suivant un enseignement spécial ou recherchant un emploi fut copiée par de nombreux pays. Mais les idées ne devaient pas en rester là. Depuis la fin des années soixante, les grandes "Stratégies d'intervention" devaient renouveler cette problématique en promouvant l'autonomisation de ces adultes.

3. Les perspectives éthiques du "Dispositif-CARAT en Accompagnement"

Sans vouloir être exhaustif, nous dégagerons trois niveaux d'incidence des problèmes éthiques : un niveau politique, un niveau individuel et un niveau déontologique.

3.1. Niveau politique

L'insuffisance mentale ne peut être rencontrée concrètement que d'une manière globale. Cette pathologie affecte la personne dans tout ce qu'elle est. Celui qui en souffre doit impérativement être rejoint dans toutes les composantes de son existence : médicale, professionnelle, sociale, affective et spirituelle. Ce souci de globalité est l'une des caractéristiques majeures de la démarche d'Accompagnement. En réalité, cette dimension va très loin. L'Accompagnement n'a de sens que comme moyen terme entre la réalité des mécanismes d'exclusion et la participation des personnes handicapées mentales à la société. Il ne suffit pas de contribuer à l'insertion professionnelle d'un Stagiaire. Il faut encore qu'il puisse s'épanouir en participant, à son échelle, à tous les aspects de la vie sociale. Concrètement, cette finalité ultime de l'Accompagnement requiert que les sociétés acceptent une participation effective de ces hommes et de ces femmes à leurs structures. Cette dimension du problème est éminemment politique, au sens étymologique (et aristotélicien) du terme : il s'agit de penser la vie pratique de la "*polis*", de la Cité, en fonction de tous les citoyens, quels qu'ils soient, en fonction finalement de ce principe d'absolue non-discrimination qui se trouve au centre de l'inspiration du droit des Communautés Européennes. Dans le contexte actuel de l'évolution historique du vieux continent, l'Accompagnement peut devenir l'une des pierres angulaires de la politique sociale de l'Europe de demain.

3.2. Niveau individuel

Sur le fond, l'originalité ultime du "Dispositif- CARAT en Accompagnement" est une éducation de la personne handicapée mentale à la responsabilité. Le Stagiaire découvre et prend progressivement conscience qu'il n'a pas seulement des droits, mais également des devoirs. Ce point est tout à fait décisif. L'Accompagnement permet à une jeune femme ou à un jeune homme déficient mental d'accéder à la conscience de ce que Kant appelait la dignité de l'humanité en chaque homme[111]. On le pressent, la finalité de l'Accompagnement est au-delà de la méthode. Elle se situe bien davantage dans la découverte, par la personne handicapée elle-même, de sa propre valeur. Elle se situe par conséquent dans la prise de conscience, par le Stagiaire, de son aptitude à opérer ses propres choix éthiques ou spirituels, comme tout homme.

3.3. Niveau déontologique

C'est à ce niveau que se pose en premier lieu la question éthique du point de vue de l'Accompagnateur. Presque tout ici reste à inventer.

Nous nous contenterons de fixer quelques grandes balises. Sans vouloir être exclusif, il nous semble que la constitution d'une déontologie de l'Accompagnateur doit intégrer les trois exigences suivantes :

- *la confidentialité*. Le respect absolu du Stagiaire, de sa demande et de sa motivation, impose la confidentialité de sa relation avec l'Accompagnateur. Cette exigence s'étend en fait à l'Equipe entière. Ce point est d'autant plus important que la personne handicapée mentale qui entame une démarche d'Accompagnement ressent généralement son existence comme un échec dont elle parle généralement en long et en large. L'Accompagnement est ainsi l'occasion pour le Stagiaire de se libérer du poids souvent trop aliénant de son passé. Cette maturation de la personne handicapée mentale s'opère parfois par des confidences spontanées sur sa vie la plus personnelle.

- *la gestion des contacts avec des intervenants extérieurs à la démarche d'Accompagnement*. La globalité de la méthode peut amener l'Accompagnateur à entrer en contact avec un intervenant extérieur. Pour être efficace, un Accompagnement se doit en effet de mobiliser les ressources du marché ou du tissu social dans lequel évolue la personne mentalement déficiente. Cette dimension n'est pas sans poser quelques questions. Que peut dire l'Accompagnateur ? Ce contact doit-il toujours se faire en présence du Stagiaire, ou l'Accompagnateur peut-il dans certains cas agir seul ? Quoi qu'il en soit, ces situations doivent faire l'objet de règles bien définies.

- *la responsabilité*. Qu'on le veuille ou non, l'Accompagnateur exerce une certaine responsabilité sur le Projet particulier du Stagiaire. Souvent, l'Accompagnement lui permet de commencer à prendre des risques dans la vie. J'exerce également une responsabilité sur cet aspect de son évolution. Il doit veiller à ce que ces risques soient calculés et raisonnables; il doit également veiller à mettre en place ce qu'il faut pour y parer.

4. L'originalité d'une pédagogie adulte : une éducation à la responsabilité

"*At homines, mihi credes, non nascuntur, sed finguntur*" [112] : l'homme ne naît pas adulte, il le devient. La force secrète de CARAT est d'avoir tenté et - dans une large mesure, réussi - de transposer aux personnes handicapées le précepte d'Erasme.

Lorsque celles-ci, dès 18 ans, s'adressent au "Dispositif-CARAT en Accompagnement", elles ont derrière elles une expérience de vie déjà longue. Dans le cas (habituel) où le Stagiaire est atteint d'une insuffisance mentale congénitale, son existence est très souvent faite d'une succession d'échecs, de déceptions, voire de démissions de son entourage familial ou institutionnel. Lorsque le handicap survient au cours de l'existence (à la suite à d'un accident de quelque nature que ce soit), le Stagiaire est parfois déjà engagé dans des choix de vie qui engagent d'autres êtres humains (mari, épouse, enfants). La personne doit s'habituer dans ce cas à la réduction brutale de son autonomie. Quelle que soit l'origine de son handicap, le Candidat-Stagiaire se présente souvent au premier entretien avec un sentiment d'infériorité souvent aggravé par le regard social. Consciemment ou non en effet, l'opinion publique juge qu'une personne handicapée (et, a fortiori, une personne handicapée mentale) est incapable de sortir d'une condition d'assistée. Il n'est dès lors nullement surprenant de voir arriver à CARAT une personne handicapée avec le sentiment que sa vie est brisée ou qu'elle n'a jamais commencé (et ne commencera jamais).

A travers l'Accompagnement, le Stagiaire peut s'appuyer sur une Equipe prête à s'engager à ses côtés dans la poursuite de son objectif. Cette complicité est fixée d'un commun accord dans une Convention de stage qui précise les objectifs, les modalités de réalisation, les modalités d'évaluation des résultats obtenus ainsi que les délais impartis. On le pressent : cette formation adaptée à la personne handicapée est déjà une éducation à la responsabilité.

Etymologiquement, le mot responsabilité renvoie au verbe latin *respondere*. Est responsable celui qui peut répondre de ses actes, de ses jugements, de ses promesses, en un mot, de son attitude dans la vie. Cette dimension d'engagement personnel est déjà bien présente dans la réplique d'Ergasile : "*Et moi, je te promets de mon côté que ton fils est arrivé*"[113]. Elle passe de là dans le langage judiciaire, notamment chez Cicéron et chez Horace. Dans le *Brutus*, le terme prend toute sa signification : il désigne en effet la capacité de certains hommes à se hausser à la hauteur de leurs ancêtres. Dans cette célèbre *Lettre 23*, par laquelle Sénèque initie sereinement son ami Lucilius à la découverte des joies simples de l'existence, "*respondere*" en arrive à désigner la productivité d'une terre convenablement travaillée.

Avec Tertullien, le premier grand théologien africain, la dimension d'engagement librement consenti s'impose dans l'*Apologeticum*. "*Respondere*" ne désigne-t-il pas tout d'abord l'engagement des parents à offrir certains de leurs enfants en sacrifice aux dieux de la Cité : "*(...) et libentes respondebant*"[114] ? Ne signifie-t-il pas ensuite l'obligation pour un être de répondre de ses actes en fonction de sa structure ontologique propre : "*Si altera parte daemones sunt vel angeli, cur se alibi pro deis agere respondent*"[115] ? "*Respondere*" en vient à exprimer l'engagement dans la vie sacramentelle par le baptême[116]. Il y a davantage encore : avec Tertullien, le terme quitte le seul plan de l'anthropologie philosophique pour s'imposer également en christologie. Dans son ouvrage *La chair du Christ*, Tertullien s'en prend à Marcion, un hérétique, qui, niant "la chair du Christ", refusait simultanément la naissance du Sauveur. Pour réfuter cette opinion, Tertullien fait observer que la naissance et l'humanité du Christ se prêtent "*mutuellement témoignage*"[117].

Ces quelques indications relatives à l'évolution sémantique du terme dans la Rome antique et les premiers temps de la patristique permettent donc de découvrir deux niveaux de signification à ce mot. "*Respondere*" fonctionne à la fois dans un registre juridique et dans un registre anthropologique. Il désigne à la fois un engagement personnel (dans l'existence concrète ou dans la sphère religieuse) et l'obligation de justifier ses actes dans laquelle se trouve tout homme libre.

L'une des principales originalités de la démarche d'Accompagnement est le lien qu'elle établit entre la formation du Stagiaire et son éducation à la responsabilité. Nous l'avons dit, la finalité ultime de cette Stratégie est une prise en charge de la personne handicapée écoutée et accueillie dans son intégralité. Le jeu des quatre vecteurs dans les diverses cellules (lequel, rappelons-le, constitue le ressort ultime de la méthode) n'a d'autre but que d'aider une personne mentalement déficiente à assumer par elle-même une vie humaine adulte aussi responsable que possible. On le pressent, la finalité de l'Accompagnement est au-delà de la méthode. En effet, l'application de cette méthode d'intervention auprès des personnes atteintes de déficience mentale appelle la définition d'un autre objectif, de nature bien plus ambitieuse : celui de leur participation aux réseaux sociaux.

5. Conclusion

Depuis l'aube de notre civilisation, les personnes mentalement déficientes ont été exclues de toutes les formes de la vie sociale (notamment professionnelle et culturelle). Cette marginalisation n'a connu un revirement qu'à partir de la "médecine pédagogique" mise au point par un groupe de médecins et d'humanistes français du XIXème siècle. Tout récemment, la mise au point de stratégies originales a permis à des dizaines de milliers de jeunes déficients mentaux de participer, selon leurs possibilités, à la vie socio-professionnelle des sociétés modernes.

L'une des initiatives les plus originales qui aient vu le jour est le "Dispositif-CARAT en Accompagnement". Cette méthode se destine spécifiquement à toute personne handicapée mentale désireuse de réaliser ses propres objectifs de vie. Son apport à la réflexion éthique sur le handicap est des plus précieux : en permettant à des femmes et à des hommes mentalement déficients de trouver un emploi en milieu ordinaire, d'organiser par eux-mêmes leurs propres activités de loisirs, ou de vivre en appartement autonome, reconnus par leur voisinage, cette méthode démontre que leur exclusion n'est pas la seule attitude possible.

L'enjeu est d'importance, car l'Accompagnement inaugure une nouvelle approche des personnes handicapées mentales. Celles-ci sont véritablement considérées comme les propres acteurs de leur existence. Il y a là un véritable renversement par rapport à ce qui pouvait être vécu en milieu fermé (dans la perspective d'Esquirol, notamment). Les conséquences sur le plan éthique en sont considérables. La démarche d'Accompagnement considère en effet le Stagiaire comme le véritable centre de décisions dans les problèmes moraux qu'il peut rencontrer durant son existence. L'expérience montre en effet que la personne mentalement déficiente est capable de dépasser ses limites pour affirmer ses droits et sa volonté de vivre librement. Mais il faut encore que la société accepte de reconnaître cette affirmation.

TROISIEME PARTIE

Le "Dispositif-Carat en Accompagnement" : cas particuliers

La troisième partie de cet ouvrage présente certains aspects du "Dispositif-CARAT en Accompagnement".

Elle est divisée en quatre chapitres.

Le chapitre 6 est consacré à la présentation de la cellule Temps libre. Celle-ci est globalement chargée d'aider les Stagiaires dans l'organisation de leurs loisirs. Son importance, trop souvent méconnue, est cependant réelle. L'analyse des "Projets particuliers" (PP) montre notamment l'attrait exercé par la vie culturelle sur nombre de Stagiaires.

Le chapitre 7 présente l'itinéraire d'un Stagiaire issu d'un milieu social très défavorisé. Rappelons que l'association entre la déficience mentale et la pauvreté est décrite depuis une centaine d'années. En quelques années - et, notamment, à travers l'Accompagnement -, ce jeune homme est parvenu à structurer sa vie (par une expérience professionnelle interrompue par un cancer et par un mariage qui lui ont donné une certaine place dans notre société).

Le chapitre 8 présente, pour sa part, la trajectoire d'une Stagiaire atteinte, à l'âge de vingt ans, d'un déficit majeur de ses capacités de mémorisation. L'intérêt de cette histoire est de montrer que les principes et les méthodes à l'oeuvre dans le "Dispositif-CARAT en Accompagnement" peuvent être appliqués dans le cas de déficiences *acquises* de certaines fonctions supérieures.

Le chapitre 9, enfin, évoque les histoires de quelques Stagiaires atteints d'une déficience mentale *congénitale*. Ce chapitre nous permettra notamment d'évoquer certains aspects du fonctionnement de la cellule Vie professionnelle et de la synergie que le "Dispositif-CARAT en Accompagnement" peut nouer avec d'autres éléments de la politique menée en Belgique en faveur des personnes handicapées.

Chapitre 6

PRÉSENTATION D'UNE CELLULE TEMPS LIBRE

Les loisirs ont acquis une place considérable dans la vie des sociétés technologiques modernes. Leur exploitation fait d'ailleurs partie intégrante de la vie socio-économique d'une région ou d'un pays.

Il ne faut dès lors pas s'étonner si les grandes Stratégies d'intervention décrites ci-dessus se sont toutes intéressées à l'organisation des temps libres des personnes mentalement déficientes. Depuis le travail fondamental de Wehman et de Schleien[118], leurs loisirs sont classés en quatre grandes catégories : manipulation d'objets, activités de jeux, hobbies et activités sportives. Ces activités ont fait l'objet de très nombreuses communications.

La description du "Dispositif-CARAT en Accompagnement" a montré l'existence en son sein d'une cellule spécialement chargée de ce type d'activités.

Son importance ne doit pas être sous-estimée. Les Stagiaires en effet, comme tout un chacun, ont besoin d'une bonne organisation de leurs temps libres pour se sentir bien. L'expérience enseigne d'ailleurs que le Stagiaire engagé dans un travail en milieu ordinaire est d'autant plus efficace (et donc, rentable) dans son métier que ses plages de détente sont occupées avec bonheur. Enfin, l'accès des Stagiaires à des activités de loisirs est parfois le premier pas dans l'accès à la vie professionnelle.

L'analyse d'un échantillon de quatre-vingt-cinq PP dans la cellule Temps libre (TL) du "Dispositif-CARAT en Accompagnement" montre les activités de loisirs privilégiées par les Stagiaires. Elle révèle également qu'un nombre non négligeable de personnes mentalement déficientes demande à participer à différentes formes de vie culturelle[119].

1. Répartition générale des activités de loisirs dans la cellule Temps Libre

Nous avons constitué un échantillon de quatre-vingt-cinq PP suivis dans la cellule TL entre le 1er janvier 1989 et le 11 mars 1992. Les domaines concernés par ces temps de loisirs sont par ordre décroissant d'importance l'organisation de vacances (trente-trois projets sur quatre-vingt-cinq), la vie culturelle (douze projets) et les sports (onze projets), l'apprentissage de trajets (sept projets) et les rencontres avec des amis (six projets).

Dans neuf cas, la demande était tout à fait générale et concernait l'organisation des loisirs en général. Son écoute a abouti dans chaque cas à la mise en place de PP plus précis (Tableau 6).

Parmi les demandes répertoriées dans la catégorie "divers" (neuf projets), on trouve des projets tels que l'apprentissage du tricot, l'achat d'un ordinateur ou l'étude du néerlandais.

Tableau 6 : Répartition des Projets particuliers TL

Domaine	N^{bre} de projets
Vacances	33 (38, 8%)
Vie culturelle	12 (14, 1%)
Sports	11 (12, 9%)
Apprentissage trajet	7 (8, 2%)
Organisation générale des loisirs	7 (8, 2%)
Rencontre avec des amis	6 (7, 0%)
Divers	9 (10, 5%)
TOTAL	85

Légende : Répartition des Projets particuliers TL en fonction des domaines d'intérêt des Stagiaires. On constate que les activités culturelles viennent en deuxième place.

2. Les Projets particuliers à portée culturelle

Les PP à portée culturelle concernent l'un des arts suivants : théâtre, mime, musique, danse, littérature, cinéma, peinture, architecture. Nous n'avons pas tenu compte des activités touristiques que les Stagiaires peuvent organiser à l'occasion de leurs vacances en Belgique ou à l'étranger. Ces PP ont été demandés par dix Stagiaires.

Nous les avons classés en deux catégories : les PP directement culturels et les PP indirectement culturels, selon que la demande du Stagiaire vise explicitement sa participation à une activité culturelle clairement définie (faire du théâtre, aller au cinéma, par exemple) ou, au contraire, vise seulement à s'assurer certaines conditions matérielles (savoir se déplacer, par exemple) d'accès à cette vie.

2. 1. Présentation schématique des dix Stagiaires engagés dans des PP à portée culturelle

Chaque Stagiaire porte un numéro de code permettant de l'identifier sans révéler son identité (S...). L'année de l'accueil est mentionnée entre parenthèses.

S 103 (1988) : cette jeune fille, née en 1967 et atteinte d'une insuffisance mentale modérée, se présente à l'Accompagnement avant la fin de ses études (enseignement spécial, sans autre précision). L'anamnèse révèle l'existence d'une encéphalopathie myoclonique de Kinsbourne. Un PP est ouvert : trouver une structure pour réaliser un stage de fin de scolarité, ce qui fut réalisé. Quelques mois plus tard, un nouveau PP fut ouvert dans la cellule TL : "suivre des cours de dessin."

S 105 (1977) : cette jeune femme, née en 1951 et atteinte d'une insuffisance mentale légère, s'est présentée avec une première demande, en VP, qui l'a accompagnée dans l'obtention de ses différents emplois. Elle fait aussi régulièrement appel à la cellule TL pour l'organisation de ses vacances et de ses loisirs.

S 112 (1977) : née en 1955, cette jeune femme, orpheline de mère à l'âge de 5 ans, présente un handicap mental modéré à sévère. Elle exprime une très grande anxiété par des douleurs du ventre et de la fatigue. Elle est une des Stagiaires à l'origine du développement de la démarche d'Accompagnement. En 1977, elle s'occupe dans un centre de jour. Après quelques années de formation à CARAT "naissant", elle est engagée par une coopérative de nettoyage à Louvain-la-Neuve. Elle vit actuellement dans une réalisation-témoin de CARAT : la Maison Communautaire. Elle est accompagnée par toutes les cellules du service d'Accompagnement. Avec les années, l'autonomie de cette Stagiaire s'est lentement (mais aussi, sûrement) constituée et développée.

S 114 (1988) : né en 1968, cette jeune fille présente un handicap mental léger, associé à des difficultés visuelles et auditives. Elle a également subi onze interventions chirurgicales pour une anomalie congénitale du système digestif. Sa première demande est la recherche d'un job étudiant (VP). En 1988 elle s'adresse ensuite à la Cellule TL.

S 122 (1988) : cette jeune femme, née en 1956, présente un handicap mental modéré, des troubles psychiques sévères (automutilations, fréquentes tentatives de suicide traduisant une forte mélancolie et ayant entraîné des séjours répétés en milieu psychiatrique), une épilepsie grand mal difficilement contrôlée par une association de Diphantoïne®, de Tégrétol® et de Luminal®, un diabète actuellement bien contrôlé et de l'asthme. Elle souffre également d'une dyslexie majeure : elle lit et écrit en miroir. Un suivi thérapeutique est actuellement en cours en dehors de son "Accompagnement". Elle a essentiellement vécu en institution. A son arrivée à l'Accompagnement, elle est divorcée et la garde de son fils est confiée à son mari. Sa demande fondamentale concerne l'apprentissage de la communication : comment faire entendre son point de vue ? Comment exprimer ce qu'elle ressent ? A travers un PP ouvert dans la cellule Formation générale, cette Stagiaire voulait se donner les moyens de faire ouvrir une procédure judiciaire pour que la garde de son fils soit retirée à son ancien conjoint (décrit comme violent et alcoolique). Ne s'estimant pas en état d'assumer la garde, elle souhaitait un placement pour son enfant avec un droit de visite étendu.

S 271 (1981) : cette jeune femme, née en 1951, présente un handicap mental léger, associé à des difficultés d'intégration sociale. Elle manifeste également une crainte phobique des agressions, du viol, des transports en commun et souffre d'une épilepsie grand mal bien stabilisée par une association d'Haldol®, de Neuleptil® et de Dépakine®. Sa première demande concerne ses loisirs.

S 340 (1991) : ce jeune homme, née en 1966, souffre d'une insuffisance mentale légère consécutive à une intoxication au CO_2 durant sa prime enfance. Il présente également une certaine fragilité psychologique, notamment dans le domaine affectif. On note actuellement des céphalées accompagnées de courtes périodes d'absence, une tendance à se réfugier dans un monde imaginaire, une scoliose et une ostéoporose. Il suit un traitement psychiatrique et s'adresse au "Dispositif-CARAT en Accompagnement" pour trouver un travail dans le domaine artistique. Il souhaite toutefois aborder son insertion professionnelle par une réorganisation de ses loisirs.

S 341 (1991) : ce jeune homme, né en 1972, présente une déficience mentale légère. Il se présente à l'accueil en tant qu'étudiant avec le projet de trouver un atelier de peinture.

S 406 (1991) : cette jeune fille, née en 1974, a été victime à sept mois d'un traumatisme crânien gauche ayant entraîné une hydrocéphalie, une déficience mentale légère, une hémiparésie droite résiduelle et une épilepsie relativement bien stabilisée par le Valium®. Les crises d'angoisse sont fréquentes avec somatisation (ulcères gastriques). On note également des comportements autodestructeurs visant à tester l'entourage. Au moment de l'accueil, elle vit chez ses parents qui lui accordent très peu d'autonomie.

S 501 (1992) : ce jeune homme, né en 1964, présente un handicap visuel sévère, sans aucun signe de déficience mentale.

2.2. Les PP directement culturels

Cette première catégorie comprend les huit PP qui répondent à une demande explicite d'engagement dans une activité culturelle clairement définie. Leur énumération est reprise dans le Tableau 7.

Tableau 7 : Répartition des Projets particuliers TL directement culturels

Numérotation	Dénomination	Evaluation
S 103-701	Apprentissage du dessin	Echec : motivation
S 105-701	Choisir ses films	Réussite
S 112-701	Aller au cinéma avec ses amis	Réussite
S 114-701	Aller au cinéma avec ses amis	Réussite
S 122-701	Théâtre et mime	Réorientation
S 340-701	Aller au spectacle	En cours
S 341-701	Apprentissage du dessin	Réussite
S 501-703	Recherche d'un club de scrabble	Réussite

Légende : Distribution des différents Projets particuliers directement culturels. Leur désignation suit la codification utilisée dans le "Dispositif-CARAT en Accompagnement". Les quatre premiers sigles permettent d'identifier le Stagiaire; les trois derniers indiquent la cellule où a lieu l'Accompagnement (TL = 7) et le numéro du PP ouvert (ainsi, S 103-701 signifie le premier PP ouvert dans la cellule TL pour le Stagiaire S 103; S 103-702 signifie le deuxième PP ouvert dans la cellule TL pour le Stagiaire S 103; etc.)

S 103-701 : ce PP n'a pas abouti. Deux mois après son ouverture, la Stagiaire a cessé de se présenter à la cellule TL. Il semble que cette demande ne reflétait pas sa motivation réelle mais celle de sa mère.

S 105-701 : cette Stagiaire, connue depuis maintenant seize ans, mène une vie culturelle, sportive et sociale très riche. Elle fréquente assidûment les salles de cinéma, participe chaque année à des conférences culturelles ("Visage du Monde", "Exploration du Monde"), à une dizaine de concerts de musique classique et s'abonne à la saison d'un théâtre. Elle consacre une partie de ses vacances à des séjours en pays étrangers, privilégiant les visites touristiques et culturelles.

Ses demandes d'accompagnement à la cellule TL se sont estompées au fil des années, vu le développement progressif de son autonomie, ce qui atteste de la réussite du PP. Elle participe cependant régulièrement à la Bourse aux loisirs. Les rencontres qu'elle y fait lui permettent de tisser et d'entretenir son réseau d'amis.

Cette évolution illustre bien le rôle que peut jouer le "Dispositif-CARAT en Accompagnement" dans l'accès de certains jeunes adultes mentalement déficients à différentes facettes de la vie culturelle. A l'époque de son accueil, cette Stagiaire vit chez ses parents et son autonomie est très réduite. Grâce à l'Accompagnement, elle peut, dans un premier temps, structurer sa vie professionnelle avant d'affirmer ses goûts pour certaines manifestations artistiques.

S 112-701 : cette Stagiaire souffre d'une déficience mentale modérée à sévère. Lors de son accueil, elle manifeste également une angoisse importante, liée semble-t-il à des traumatismes familiaux majeurs. Cette angoisse est partiellement apaisée dans le cadre d'un PP "Bien parler et me contrôler", qui a recouru, entre autres techniques, à de la relaxation sur fond musical classique.

Quelques années plus tard, elle demande à la Cellule TL l'ouverture d'un PP "Cinéma avec des amis". Ce PP a été une réussite dans la mesure où, depuis lors, elle fréquente régulièrement les salles de cinéma, avec ses amis ou avec des membres de sa communauté. Elle éprouve encore des difficultés à comprendre l'histoire mais prend toujours un vif plaisir à ces sorties. Les dessins animés et les films d'aventure ont sa préférence. L'une des étapes de ce PP a consisté en apprentissages-trajets destinés à la familiariser avec l'utilisation des transports en commun.

Cette Stagiaire participe également régulièrement à la Bourse aux loisirs.

S 114-701 : à l'ouverture de son PP "Cinéma avec des amis", cette Stagiaire possède déjà une bonne autonomie dans ses déplacements. Le PP lui a permis en fait d'apprendre à trouver et à comprendre les sources d'information concernant l'agenda des cinémas et des spectacles. Simultanément, la Bourse aux loisirs lui a donné l'occasion de rompre son isolement en tissant des liens d'amitié avec d'autres Stagiaires. Elle se constitua ainsi un réseau de relations pour ses temps libres.

S 122-701 : cette Stagiaire est hébergée en institution lorsqu'elle se présente au "Dispositif-CARAT en Accompagnement" avec une demande fondamentale : mieux communiquer.

En mai 1990, suite à une agression sexuelle, elle quitte à sa demande le centre d'hébergement pour un autre au sein duquel elle participe à une activité "Théâtre et Mime". Cette initiative constituait objectivement un renforcement de l'Accompagnement qu'elle suivait en FG. Elle réalise d'ailleurs des progrès importants. Après quelques mois, toutefois, elle délaisse ce projet pour des raisons personnelles directement liées à sa fragilité psychologique.

Elle s'adresse alors à la cellule TL, pour retrouver dans ce contexte une activité de même nature. Un PP est ouvert et rapidement interrompu par l'Accompagnateur. Cette demande était certes motivée et complétait parfaitement le PP ouvert en FG. Mais il s'avéra très vite que la Stagiaire cherchait à poursuivre ses activités "Théâtre et mime" dans le cadre d'un centre occupationnel, ce que l'Accompagnement n'est pas.

Actuellement, cette Stagiaire dispose d'une autonomie de vie très réelle. Elle sait gérer un budget, acheter ses médicaments, faire ses courses, se déplacer, notamment. Toutefois, étant donné l'importance de ses problèmes de santé (et tout spécialement de son épilepsie mal stabilisée malgré la prise de Tégrétol®, de Luminal® et de Diphantoïne®) et de ses difficultés psychologiques, elle se voit obligée de vivre en milieu institutionnel.

S 340-701 : ce Stagiaire possède un tempérament artistique riche qui accentue sa tendance naturelle à se réfugier dans un monde imaginaire. Son attirance pour la vie culturelle - dans laquelle il aspire à trouver un travail - est cependant réelle. Dès son enfance, ce Stagiaire suit des cours de piano. Plus tard, il dessine et imagine des bandes dessinées qu'il compose lui-même. A la fin de ses études, il participe aux activités d'une troupe de théâtre amateur constituée majoritairement de personnes handicapées. Malheureusement, il a quitté cette troupe suite à des difficultés sentimentales qui le laissent très désorienté. Son malaise existentiel global l'a amené à consulter un psychiatre et à lui demander une aide. Il a ainsi suivi un traitement psychiatrique pendant des années.

Quand il se présente à l'Accompagnement, ce Stagiaire a déjà joué - dans ce contexte - quelques grands rôles du répertoire. Il récite par coeur des passages de Sophocle ou de Shakespeare, auteurs qui ont sa prédilection. Il a manifestement le sens de la scène. Simultanément, il a demandé l'ouverture d'un PP dans la cellule vie professionnelle. Ce dernier lui a permis d'exprimer son envie de trouver un emploi dans le monde du théâtre.

En décembre 1993, il a effectué un stage dans une importante salle de spectacle de Bruxelles. Il a donné entière satisfaction. Des contacts sont actuellement pris afin qu'il puisse être engagé à titre définitif dans cette structure.

S 341-701 : ce Stagiaire s'adresse à la cellule TL, en avril 1991, avec le souhait de trouver un atelier de dessin. Ce PP fut clôturé avec succès après trois mois d'Accompagnement. Le Stagiaire pratiqua le dessin dans un Atelier spécialisé pendant un an. Un engagement professionnel en atelier protégé l'obligea à abandonner cette activité pour incompatibilité d'horaires.

S 501-703 : ce Stagiaire souffre d'une grave déficience visuelle. Quand il s'adresse au "Dispositif-CARAT en Accompagnement", il exprime sa volonté de ne plus faire appel aux structures organisées pour aveugles. Il veut participer aux activités normales de la vie moderne. Ses trois demandes furent les suivantes : organiser ses vacances, trouver un club de ping-pong et s'inscrire dans un club de scrabble.

Le Stagiaire est inscrit actuellement dans un club de scrabble semi-professionnel de Nivelles où il est parfaitement intégré. Seul ce dernier PP fut un succès.

2.3. Les PP indirectement culturels

Nous rangeons dans cette seconde catégorie les PP visant à assurer à la personne mentalement déficiente certaines conditions matérielles d'accès à la vie culturelle. Nous en avons recensé quatre dans notre échantillon (Tableau 8).

Tableau 8 : Répartition des Projets particuliers TL indirectement culturels

Numérotation	Dénomination	Evaluation
S122-707	Achat radio cassette	Réussi
S122-710	Achat vidéo	Réussi
S271-702	Apprentissage-trajet	Réussi
S406-702	Apprentissage-trajet	Réussi

Légende : Distribution des différents "Projets particuliers" (PP) indirectement culturels. La codification est celle du Tableau 7.

S 112-707 et S 112-710 : cette Stagiaire a suivi un PP "aller au cinéma avec mes amis". Par ailleurs, son attrait pour la musique classique (les opéras de Mozart, notamment) est également noté à diverses reprises. Les deux PP que nous citons maintenant visent l'achat d'un lecteur de cassettes et celui d'un matériel vidéo. Ils furent tous deux réussis. La Stagiaire s'est ainsi dotée du moyen d'écouter ou de visionner ses oeuvres favorites à sa meilleure convenance, seule ou avec ses amis.

S 271-702 : cette Stagiaire souhaite participer à de nombreuses activités culturelles. Sa crainte des transports en commun constitue un obstacle majeur à ce désir. La cellule TL met en place un PP "Apprentissage trajets bus culturel" qui dura sept mois et se clôtura avec succès. La Stagiaire est actuellement capable de se rendre seule au cinéma, au théâtre, aux concerts, aux Samedis des Beaux-Arts. Cette autonomisation, obtenue par le biais des loisirs, lui a également permis de dominer sa phobie du métro.

S 406-702 : cette Stagiaire, fort protégée par ses parents, s'adresse, dans un premier temps, au "Dispositif-CARAT en Accompagnement" pour apprendre à se déplacer seule. Cet apprentissage se clôture rapidement et positivement.

Elle s'oriente ensuite vers la cellule TL, son désir d'autonomie étant également motivé par une recherche d'activités culturelles. Cet apprentissage dura quatre mois au bout desquels elle fut capable de se rendre seule au cinéma. Elle s'inscrit également à un atelier de dessin. Cet apprentissage trajet fut pour elle, indirectement, l'occasion de faire "quelque chose" seule, prouvant à elle-même et, par conséquent, à ses parents également, qu'elle en était capable.

3. Un lien entre les loisirs et l'entrée dans la vie professionnelle : l'histoire de Véronique

Une histoire vécue permet d'illustrer la relation entre les goûts pour un type d'activité de détente et l'insertion professionnelle des jeunes adultes mentalement déficients.

Véronique est née le 13 juin 1971 dans un petit village brabançon (Belgique). Elle présente dès sa plus jeune enfance une épilepsie accompagnée d'un retard de développement et de troubles d'apprentissage. Elle parvient néanmoins à suivre les cours de l'enseignement normal durant sa scolarité primaire et secondaire.

Véronique est ensuite inscrite dans un établissement dispensant un enseignement spécial dans une section professionnelle. A dix-neuf ans, elle ne parvient plus à suivre les cours et abandonne l'école pour s'inscrire à l'ONEM (Office national de l'Emploi). Elle habite chez ses parents et est inscrite au *Fonds Communautaire pour l'Intégration Sociale et Professionnelle des Personnes Handicapées*.

Peu à peu, la jeune fille ressent une très grande solitude. L'école n'est plus là. Sa formation professionnelle ne devrait-elle pas lui permettre de rechercher un emploi ? Ses parents l'encouragent d'ailleurs dans cette voie. Mais comment faire ? Comment réussir les démarches préalables à un engagement ? De ce point de vue, la scolarité ne lui est d'aucun secours, et cela, d'autant moins qu'à sa sortie, un psychologue bien intentionné lui a conseillé de postuler un emploi dans un bureau. Mais rien ne se met en place. Les mois s'écoulent : Véronique s'ennuie toujours davantage. Que faire ?

A cette époque, l'antenne CARAT de Nivelles venait de s'ouvrir. Véronique s'y présente avec une demande très précise : trouver un emploi. Les démarches en vue de trouver un travail de bureau sont reprises. Mais, après quelques mois, Véronique finit par avouer son aversion pour tout travail administratif. Précisant sa demande, elle reconnaît une prédilection secrète pour un emploi en plein air. Et d'avouer son amour des animaux. Cette perspective ne pourrait-elle pas déboucher sur un emploi ?

Pendant six mois, tous les manèges de la région entendirent parler d'une jeune fille qui souhaitait devenir palefrenière et qui semblait n'avoir jamais vécu dans ce milieu. Mais les réponses négatives affluent. Contrainte et forcée, Véronique se résigne à postuler un emploi dans un autre secteur. Qui eut alors l'idée de consulter l'annuaire téléphonique local ? L'Accompagnateur ? Véronique ? Nul ne le sait. Cela a-t-il du reste une quelconque importance ? Toujours est-il qu'un dernier manège est découvert, dans les environs immédiats de Nivelles. Véronique joue son va-tout. *Curriculum vitae*, lettres de demande, coups de téléphone : la jeune fille se démène. Commence alors une attente qui paraît interminable. Une première semaine s'écoule. Que se passe-t-il ? Faut-il imaginer un nouveau refus ? Une seconde semaine s'écoule. Pourquoi le manège ne répond-il pas ? Le délai devient interminable. Véronique en perd l'appétit. Ses parents s'inquiètent d'une possible terrible déception ? Cela en vaut-il la peine ?

Pendant un mois, Véronique resta sans nouvelle. Puis arriva une lettre de convocation au manège. Véronique s'y rendit avec son Accompagnateur. Sa candidature intéresse. Cela fait maintenant deux ans que Véronique est employée à la satisfaction de ses patrons et des clients-propriétaires de chevaux, qui ne tarissent pas d'éloge sur sa conscience professionnelle. Avec ses gains, elle s'est offert des cours d'équitation. Elle a aujourd'hui acheté son propre cheval qu'elle monte régulièrement.

4. Conclusion

La cellule TL assure l'encadrement des Stagiaires soucieux d'organiser au mieux leurs activités de détente. Elle agit dans le cadre du "Dispositif-CARAT en Accompagnement". L'analyse d'un échantillon de quatre-vingt-cinq PP ouverts dans cette cellule montre que près de trente pour cent des Stagiaires sont (ou ont été) engagés dans un PP à incidence culturelle.

D'une certaine manière, la distinction entre PP directement et PP indirectement culturels est imposée par la nature du "Dispositif-CARAT en Accompagnement". Ce dernier est une structure ouverte qui favorise la participation optimale de toute personne handicapée aux dimensions variées de la vie des sociétés modernes. Soixante-six pour cent des PP analysés ont une portée directement culturelle. Il s'agit des PP répondant à une demande très précise de participation à certaines formes d'expression : fréquenter le cinéma, faire du théâtre, trouver un atelier-dessin, etc. En revanche, les trente-quatre autres pour cent ont une portée indirectement culturelle. Ils visent à doter le Stagiaire de certaines conditions matérielles nécessaires pour entrer davantage dans (ou pour découvrir) les mondes de la musique ou du cinéma : ce sont les "Apprentissages-trajets" ou les accompagnements pour l'achat d'un matériel vidéo ou radio.

On constate que tous les PP à portée indirectement culturelle ont été rapidement clôturés avec succès. Il n'en est pas de même pour les PP à portée directement culturelle. Sur les huit PP de cette nature que comprend notre échantillon, cinq sont considérés comme réussis, un s'est rapidement terminé sur une réorientation et un seulement fut soldé par un échec peu de temps après son ouverture. Le dernier (S 340-701) fut transféré dans la cellule Vie professionnelle où il se déroule à la plus grande satisfaction du Stagiaire.

La cause d'échec est facilement identifiable. Dans le cas de S 103-701, le manque de motivation réelle du Stagiaire est à l'origine de cette faillite. Cette observation souligne (par la voie négative) l'importance de la motivation de la personne handicapée pour toute démarche d'Accompagnement.

L'analyse de cet échantillon de PP ouverts dans le "Dispositif-CARAT en Accompagnement" révèle que les préoccupations artistiques ne sont nullement absentes chez les jeunes adultes atteints d'insuffisance mentale. La participation de ces jeunes à la vie culturelle requiert toutefois la mise en place de stratégies spécifiquement adaptées à leur handicap.

Chapitre 7

QUART-MONDE, DÉFICIENCE MENTALE ET ACCOMPAGNEMENT

Le lien entre l'insuffisance mentale et les conditions socio-économiques défavorables est aujourd'hui bien établi. L'histoire d'Emile, Stagiaire dans le "Dispositif-CARAT en Accompagnement", en est une illustration.

Lorsqu'il se présente à l'accueil en juillet 1988, Emile a, depuis longtemps déjà, quitté le Quart-Monde. Pour être précis, il n'en est pas sorti seul : il a également permis à sa mère de prendre une certaine distance par rapport à ce mode de vie. En 1984, Emile est reconnu en incapacité de travail depuis une hospitalisation en chirurgie nécessitée par un cancer testiculaire. Il fut orienté vers le "Dispositif-CARAT en Accompagnement" par le FCISPPH (*Fonds Communautaire pour l'Intégration Sociale et Professionnelle des Personnes Handicapées*).

1. Biographie

A plusieurs égards, l'histoire d'Emile est exemplaire pour son courage. Il naît en 1960, dans un des quartiers les plus défavorisés de Bruxelles. Son père travaille aux chemins de fer comme cheminot. Sa mère est ménagère. Elle souffre d'un certain degré d'insuffisance mentale, ne sait ni lire ni écrire. Les parents se séparent et divorcent peu de temps après la naissance.

Quant à Emile, il présente très jeune les signes d'une débilité mentale légère et d'une dermatose ichtyosiforme congénitale. A l'âge de six ans, il fréquente les cours d'une école primaire de Gosselies, un faubourg de Charleroi situé à près de soixante kilomètres au sud de Bruxelles. Il se souvient vaguement avoir logé chez une tante. Evoquant cette période de sa vie, Emile raconte que sa mère, confrontée à la question de la scolarité de son enfant, avait demandé à un membre de la famille le nom d'une école. Celui-ci résidait dans les bassins charbonniers du Sud. Il ne connaissait, en fait d'école, que celle de Gosselies. Emile fut donc scolarisé dans la région de Charleroi. Il explique aujourd'hui encore comment il prenait le bus chaque dimanche soir à proximité de la gare du Midi, à Bruxelles. Mais les résultats scolaires ne suivent pas. Emile se retrouve dernier de sa classe. Après trois ans d'échec, sa mère réalise qu'il y a un problème et l'attribue aux conditions d'hébergement de son enfant à Gosselies. Elle décide alors de reprendre son enfant chez elle et de l'inscrire dans une école bruxelloise.

En 1972, on retrouve Emile inscrit au FCISPPH probablement en raison de ses faibles résultats scolaires. Il est orienté vers une école spéciale, choisie pour la proximité de son domicile. Emile y suit des cours de maroquinerie. Il quitte l'école à quatorze ans, "parce qu'il ne se plaisait plus dans cette ambiance". C'est en fait l'une des constantes de sa trajectoire : toute sa vie, Emile refusera d'être considéré comme une personne handicapée.

Il trouve un emploi dans un grand hôtel de la capitale, qu'il occupe de 1974 à 1977. Mais une aggravation de son problème cutané lui rend les longues stations debout impossibles. Il est licencié et se retrouve au chômage. A cette époque, il vit toujours chez sa mère. Il émarge alors au chômage et vit de petits boulots intérimaires. Ses problèmes dermatologiques entraînent sa réforme du service militaire. En 1980, il est intégré dans le personnel de nettoyage d'un laboratoire. Il y reste quatre ans.

En 1984, lors d'un examen de routine, on lui découvre un cancer du testicule. Emile est opéré et subit un traitement par chimiothérapie. Il est reconnu en incapacité de travail et pris en charge par la mutuelle. Après une dernière opération d'exérèse des chaînes ganglionnaires, il quitte l'hôpital et retourne vivre chez sa mère. En 1988, fatigué de vivre sans rien faire sur le compte de la mutuelle, il s'adresse une nouvelle fois au FCISPPH pour retrouver un métier.

2. La prise en charge d'Emile par le "Dispositif-CARAT en Accompagnement"

Le FCISPPH envoie Emile au Centre social de l'Entraide des Travailleurs de Bruxelles. Ce dernier avoue son incapacité à le prendre effectivement en charge et l'oriente alors vers le "Dispositif-CARAT en Accompagnement". Lors de l'accueil, en juillet 1988, Emile exprime sa lassitude de vivre "aux dépens de la société" et sa volonté de travailler à nouveau. Il envisage de se recycler dans de petits travaux de bureau.

A cette époque, il souffre de trois handicaps :
1. Une insuffisance mentale légère.
2. Des lésions cutanées prédominant aux paumes des mains et aux plantes des pieds, l'empêchant de se tenir debout pendant une journée complète de travail, et pour lesquelles tous les traitements essayés ont échoué.
3. Une rupture de quatre ans dans sa vie professionnelle, causée par son opération et ses suites.

On note également une très grande fragilité émotionnelle.

La demande d'Emile s'avérant en réalité plus complexe qu'il n'y semblait à première vue, son passage par l'Acccompagnement a mobilisé les trois Cellules suivantes :

a) *La cellule Aide générale* : au moment de l'accueil, Emile a obtenu un pourcentage d'incapacité de soixante-cinq pour cent au terme d'une visite médicale passée en janvier 1988 à la demande du ministère de la Prévoyance sociale. Il tombait par conséquent sous le coup de la loi belge du 27 février 1987. Pour diverses raisons administratives, il ne put bénéficier d'une allocation d'intégration. Par voie de conséquence, Emile devait désormais émarger complètement à la mutuelle. La cellule Aide générale l'accompagna dans ce changement de statut.

b) *La cellule Vie professionnelle* : l'essentiel du travail d'Accompagnement devait toutefois s'effectuer dans la cellule Vie professionnelle, et ce dans trois directions différentes.

Il fallait tout d'abord examiner les possibilités de réalisation concrète du projet professionnel d'Emile. La demande de ce dernier était particulièrement claire : "Travailler dans un bureau pour ne plus dépendre de la société". Emile s'adressa au FCISPPH et obtint la possibilité de bénéficier d'un Contrat d'Apprentissage Professionnel (C.A.P.)[120]. Cette formule permet à la personne handicapée qui en jouit d'apprendre les rudiments de son futur métier chez un employeur choisi par elle-même et agréé par le Fonds, la prise en charge financière étant assumée par le FCISPPH.

Il fallait ensuite donner à Emile un début de formation. Ce dernier n'avait jamais travaillé dans un bureau. En particulier, il ne connaissait rien à l'informatique. Ses performances dans le maniement de la langue française (et, surtout, en orthographe) étaient des plus limitées. Coïncidence : Emile entra dans le "Dispositif-CARAT en Accompagnement" au moment où ce dernier achevait son informatisation. Ce fut l'occasion pour lui de s'initier au maniement d'un clavier et d'un ordinateur. A l'étonnement de tout le monde (et à sa plus grande fierté), Emile parvint à maîtriser relativement vite les opérations courantes du WordPerfect.

Il fut bientôt en mesure de signer une "Convention de stage CARAT en entreprise" dans une imprimerie. Il y travailla bénévolement durant six jours. Cette expérience fut un réel succès sur le plan du *testing* des possibilités professionnelles d'Emile dans ce domaine.

Enfin, il fallait prévoir des moyens de subsistance pendant cette première période de formation. La prise en charge d'Emile par la mutuelle compliquait les choses. Selon la législation sociale belge, les indemnités allouées par la mutuelle ne peuvent être perçues par la personne handicapée que si cette dernière n'effectue aucune activité professionnelle ou de formation. Des démarches furent donc entreprises par le Stagiaire auprès du Médecin-Conseil de la mutuelle afin de lui exposer la situation concrète. La mutuelle accepta de ne pas toucher au statut d'invalidité d'Emile jusqu'en 1993.

Malheureusement, ce PP ouvert dans la cellule Vie-professionnelle n'a pas réussi (du moins, jusqu'à présent). Deux raisons expliquent cet échec. Tout d'abord, Emile s'était donné un objectif trop ambitieux. Ses réels progrès en informatique ne le rendaient toutefois pas concurrentiel sur le marché du travail. Ensuite, tous ses employeurs potentiels (contactés pour effectuer notamment des petits travaux de garçon de course) ne se sont pas engagés vis-à-vis de lui tant qu'il émargeait à la mutuelle, ce qui est logique. Or, jusqu'à présent, Emile n'a jamais réussi psychologiquement à demander la cessation (même temporaire) de son allocation de mutuelle.

c) *La cellule Vivre chez soi* : à cette époque également, Emile songeait à fonder une famille. Il fréquentait une jeune fille, mais se déclarait troublé par le manque d'entrain qu'elle semblait parfois lui manifester. Une clarification s'avérant indispensable, les deux jeunes gens décidèrent de passer ensemble quinze jours de vacances.

L'entreprise était toutefois hardie : pour la première fois de leur vie, les deux jeunes gens devaient assumer l'obligation de construire une vie à deux, faite d'un partage des goûts, des aspirations, des désirs et des difficultés. D'un point de vue pratique, Emile avait pris sa mère en charge depuis quelques années. Il savait gérer les problèmes domestiques quotidiens. Des lacunes subsistaient cependant, notamment dans l'équilibre diététique des repas. Pour remédier à cela, Emile demanda l'ouverture d'un PP dans la Cellule Vivre chez soi.

Mais - et ce point est des plus importants, étant donné son isolement humain -, il trouva dans cette cellule l'opportunité de parler et d'évaluer sa relation amoureuse. Il finit par se rendre compte de l'incompatibilité de choix de vie entre ses options et celles de la jeune fille. Leur relation se mua en amitié. Prenant distance, Emile apprit à apprécier les choses autrement.

C'est alors qu'il rencontra Monique, laquelle souffre, tout comme lui, d'un léger handicap mental. Monique est employée depuis une bonne dizaine d'années dans un ministère. Les deux jeunes gens se sont mariés en août 1991 au terme d'un cheminement mené indépendamment d'un recours au "Dispositif-CARAT en Accompagnement"[121].

3. Situation actuelle

Sur le plan médical, son cancer testiculaire semble bien appartenir définitivement au passé. Huit ans se sont écoulés depuis son opération et Émile ne se plaint d'aucun symptôme. La rémission paraît donc complète. Son problème d'ichtyose, en revanche, s'est révélé rebelle à toute approche thérapeutique.

Sur le plan émotionnel, son engagement matrimonial semble bien lui avoir procuré une plus grande assurance. Il paraît conscient d'avoir à nouveau réussi quelque chose. Assez curieusement, le mariage fut l'occasion d'une prise de distance par rapport au "Dispositif-CARAT en Accompagnement". En décembre 1992 toutefois, Emile essayait indirectement de reprendre contact pour deux raisons.

Tout d'abord, le jeune couple n'avait trouvé pour se loger qu'un appartement relativement insalubre. Il envisageait de déménager dans un logement social. Devant l'ampleur de la crise du logement à Bruxelles - crise qui se traduit en particulier par de longues files d'attente sur les listes donnant accès aux logements sociaux - il songeait à demander l'ouverture d'un nouveau PP dans la cellule Vivre chez soi.

En second lieu, Emile était repris par son désir de trouver un emploi. Son approche de son avenir professionnel avait cependant considérablement évolué. Emile était plus mûr. Il avait pris conscience de ses limites dans les travaux de bureau (et les avait acceptées). Il savait que sa lenteur lui fermait de nombreuses portes. De manière plus réaliste, il envisageait de retrouver du travail dans une société de nettoyage. Sa motivation demeurait cependant ambiguë.

Tout récemment, le jeune couple a trouvé un appartement à Mons, dans le Hainaut belge. Dans l'état actuel des choses, il conserve une relation informelle avec certaines personnes du "Dispositif-CARAT en Accompagnement".

4. Conclusion

Curieux destin que celui de cet homme jeune et fier, dont la vie semble se réduire à un combat inlassable pour surmonter ses deux principaux handicaps de naissance, celui de son origine sociale et celui de son insuffisance mentale. Emile est né dans ce milieu où la misère est souveraine, où le taux d'analphabétisme est inquiétant et où l'espoir semble absent des perspectives de vie évoquées le soir sur les trottoirs des rues obscures dans lesquelles il trouve refuge.

Emile a rencontré tous les obstacles possibles et imaginables avant de trouver une place dans la société des hommes : une mère illettrée, très tôt abandonnée par son mari, incapable d'assurer à son fils un accès adapté vers l'enseignement primaire, des difficultés sociales, une intégration laborieuse dans l'enseignement spécial, une dermatose congénitale dont le poids devait se faire sentir de plus en plus durement tout au long des années et ce cancer qui le fauche dans ses vingt ans, au moment où il commence à émerger, comme si le handicap se refusait à abandonner sa proie. Sans doute a-t-il livré son combat le plus pathétique contre la mort sur un obscur lit d'hôpital, au milieu d'une équipe de médecins préoccupés d'empêcher les métastases d'envahir l'ensemble de ses chaînes lymphatiques.

Il y a du Kostoglotov en lui[122].

Il ne fait aucun doute que son mariage a revêtu une importance considérable dans sa maturation. Il lui a donné une nouvelle assurance. Emile se considérera comme participant pleinement à la société des hommes le jour où il aura retrouvé un travail. Son désir de renouer avec le "Dispositif-CARAT en Accompagnement", un jugement plus sûr sur ses possibilités réelles et la sécurité de son foyer ont des chances d'être autant d'atouts pour que ce projet puisse un jour, peut-être, aboutir.

Chapitre 8

TROUBLES MENTAUX ACQUIS ET ACCOMPAGNEMENT : UN CAS DE PATHOLOGIE DE LA MÉMOIRE

Ce chapitre est consacré à l'histoire d'une jeune fille dont le développement normal fut brutalement stoppé à l'âge de vingt ans par un accident cérébral d'origine mystérieuse. Elle en garda des troubles de mémoire graves (connus sous le nom de Syndrome de Korsakoff) qui l'obligèrent à arrêter toutes ses occupations et à suivre une réadaptation fort complexe. Celle-ci la conduisit au bout de trois ans à prendre contact avec le "Dispositif-CARAT en Accompagnement".

1. Brève histoire des troubles de la mémoire : de la psychologie philosophique à la clinique médicale

En un sens, le statut de la mémoire pourrait faire figurer en bonne place l'opposition entre Platon et Aristote, laquelle gouverne une bonne partie de l'histoire de la philosophie grecque. Pour le fondateur du Lycée, la mémoire est appréhendée dans une perspective exclusivement métaphysique : on le voit notamment à travers la scène célèbre dans laquelle Socrate interroge un esclave de Ménon et lui fait découvrir sa connaissance des problèmes les plus ardus de la géométrie de l'époque. La faculté de la mémoire renvoie directement au thème de la réminiscence, selon laquelle la vie intellectuelle n'atteint sa vérité que dans la mesure où elle se focalise sur la contemplation des Idées.

L'approche aristotélicienne de la mémoire est radicalement différente. Pour le Stagirite, la mémoire est l'une de ces facultés intermédiaires de l'âme que les hommes possèdent en partage avec les animaux. Son rôle n'est plus de porter en l'homme le souvenir des Idées parfaites, mais bien plutôt de conserver une trace de la diversité sensible, trace sans laquelle la vie conceptuelle est impossible. L'étude de la mémoire ressortit par conséquent à la fois à l'épistémologie et à l'éthologie comparée. On s'en rend compte en lisant les pages denses que le Stagirite lui consacre dans un opuscule biologique, *De la mémoire et de la réminiscence* : ce premier ouvrage de physiologie de la mémoire renvoie aussi bien au traité *De l'âme* qu'aux livres VIII et IX de *L'histoire des animaux* dans lesquels Aristote étudie le comportement des différentes espèces[123].

Les recherches modernes en neuroanatomie ont permis de mettre en évidence les structures cérébrales impliquées dans les processus de mémorisation. Celles-ci sont au nombre de trois. En premier lieu, le bon fonctionnement de la mémoire est lié à l'intégrité de deux noyaux appartenant au système limbique, l'hippocampe (du nom de ce poisson auquel cette structure ressemble) et l'amygdale (qui présente la forme d'une amande). En deuxième lieu, les régions médianes du diencéphale (situées au centre des hémisphères cérébraux) et tout spécialement certains noyaux du thalamus jouent un rôle déterminant dans les processus de mémorisation. Les noyaux thalamiques, en particulier, envoient des projections dans une troisième structure impliquée dans ces mécanismes, le cortex ventromédian préfrontal[124].

Sur le plan clinique, on distingue deux types d'amnésie : l'amnésie antérograde (oubli des informations actuelles) et l'amnésie rétrograde (oubli des informations lointaines). On imagine sans peine que le premier type d'amnésie entraîne des conséquences nombreuses sur la vie quotidienne. Puisque le sujet oublie les informations au fur qu'elles lui parviennent, il se trouve dans l'incapacité d'apprendre. Il éprouve les pires difficultés à suivre l'intrigue d'un film et ne peut généralement pas lire un texte trop long. Il est également dans l'impossibilité de se déplacer seul (du moins, dans un premier temps) et ne sait plus gérer son argent[125].

L'une des formes cliniques les plus célèbres des troubles de la mémoire est le Syndrome de Korsakoff. Cette entité fut décrite pour la première fois au début de ce siècle par un psychiatre russe. Ce dernier s'occupait de malades alcooliques en phase terminale (et passablement dénutris)[126]. Korsakoff décrivit un état caractérisé par l'association d'une amnésie antérograde et d'une amnésie rétrograde, par un manque d'initiatives, par une désorientation spatio-temporelle (surtout temporelle, appelée "chronotaraxis"), par de fausses reconnaissances (prosapognosies) et par des confabulations compensatoires (c'est-à-dire une incapacité à reconnaître les visages familiers). Ce syndrome n'est pas restreint à l'alcoolisme terminal. Il est également rapporté dans certains cas d'ischémie bilatérale du thalamus, dans de rares cas de tumeurs thalamiques, dans certains traumatismes ainsi que dans l'atrophie thalamique subaiguë familiale, affection rare se transmettant probablement selon un mode autosomique dominant.

Sur le plan anatomique, les lésions touchent simultanément plusieurs structures diencéphaliques, à savoir : les noyaux dorsomédians et antérieurs du thalamus, les faisceaux mamillo-thalamiques de Vicq d'Azir et les corps mamillaires. La vascularisation de cette région fut élucidée par les travaux anatomiques de G. Percheron.

2. L'histoire clinique de Laure

Laure est une jeune fille d'origine asiatique, vivant en Belgique depuis 1968. Ses antécédents sont sans particularité. En 1986, elle souffre d'une mononucléose infectieuse et d'une toxoplasmose. Laure est alors en deuxième année d'études d'interprétariat et parle couramment trois langues (français, anglais, espagnol). Elle est intelligente, gaie et très consciencieuse. Elle sait nager un kilomètre d'affilée. Laure est fiancée, ne prend aucune médication, hormis un contraceptif oral.

Un jour du mois de juin 1986, Laure se sent mal au lever. Elle est fatiguée, somnolente, sans appétit. La tension artérielle est légèrement abaissée. Elle est emmenée à l'hôpital pour un examen de routine. A peine arrivée, elle est subitement victime d'un arrêt cardio-respiratoire d'origine inconnue. Elle est réanimée, mais passe près de trois semaines dans un coma de stade III. Au réveil, le diagnostic de Syndrome de Korsakoff est posé. Laure présente en effet une amnésie antérograde, une amnésie rétrograde, une importante désorientation spatio-temporelle, des confabulations et des prosapognosies. On note également l'installation d'une inertie intellectuelle, avec manque d'initiatives et désintérêt pour le monde extérieur. Les troubles du langage sont importants et la mémoire spatio-visuelle fortement perturbée. La fluence verbale phonologique ou sémantique est extrêmement ralentie à cette époque (deux mots trouvés pour la seule lettre P, au lieu des treize attendus). La mémoire visuo-spatiale (explorée à l'aide du test des figures de Rey) est également très altérée. Les manoeuvres cérébelleuses sont pathologiques aux quatre membres. La tomodensitométrie révèle une atrophie modérée pour l'âge.

Les examens plus spécialisés donneront les principaux résultats suivants :

Evaluation neuropsychologique en août 1987 : des examens psychologiques pratiqués en août 1987 ont permis de cerner davantage le problème de mémoire.
1. Test de Bender (reproduction visuo-motrice de cinq structures graphiques) : le score obtenu est très faible. On note également une altération de la perception visuelle et de la structuration de l'espace.
2. Test de Benton (reproduction immédiate de mémoire de structures graphiques après dix secondes de présentation) : on observe treize fautes (au lieu d'une faute attendue). Laure parvient à nommer le parallélogramme, le carré, le triangle, mais ne reconnaît pas l'hexagone. Les résultats sont inchangés par rapport à ceux obtenus en 1986.

3. Test de Wisc (répétition de chiffres dans l'ordre direct ou inverse à ceux énoncés par l'observateur) : les résultats sont moyens.
4. Test de Cattell (test d'intelligence) : les résultats sont moyens inférieurs.
5. Test de Stambak (mémoire immédiate de structures temporelles simples) : le score est de 18/21 et les échecs apparaissent à partir de la structure 17.
6. Le profil de rendement de mémoire de Rey (partie 1) : les résultats sont nettement pathologiques. On observe des lectures indirectes, qui signent une diminution des capacités intellectuelles, et l'apparition de fabulations.
7. Tests d'exploration d'un syndrome frontal : il s'agissait de retrouver le maximum de mots commençant par les lettres P, F ou L, ou le maximum de mots d'une catégorie précise d'entités, en l'occurrence les animaux.

	Octobre 1986	Août 1987	Score attendu
Lettre P	2	9	+/- 13 mots
Lettre F	3	6	+/- 13 mots
Lettre L	1	4	+/- 13 mots
Cat. animal	6	13	+/- 20 mots

Bilan logopédique de février 1989 :
1 *Le langage oral* : se caractérise par un ralentissement de l'élocution et un manque d'initiatives verbales. Il existe des écholalies partielles et des réponses faussement interrogatives-affirmatives.

2 *La voix* : est faible, l'articulation légèrement dysarthrique (débit haché et articulation difficile). On note de discrètes syncinésies faciales.

3 *Le contenu du discours* : dans l'ensemble, le discours est cohérent. On note toutefois une certaine confusion entre les catégories sémantiques au cours d'une conversation approfondie portant sur un thème bien précis. On ne remarque ni dyssyntaxies, ni agrammatismes.

4 *L'écriture* : Laure est droitière. L'écriture est très lente et la micrographie est constante. Toutefois, on ne note pas de surcharge. La copie de la phrase se fait par blocs de deux ou trois mots.

5 *La mémoire verbale* : reste profondément altérée. A cette époque, Laure était capable de répéter immédiatement des phrases de vingt-quatre syllabes (ce qui la situait au percentile 0-25 adulte féminin de Fischer-Ullert). On observe une différence sensible des capacités de mémorisation selon le canal de perception utilisé. Le classement mental des images selon la taille ou la couleur est particulièrement performant. Les autres stratégies de mémorisation se sont révélées peu efficaces. La mémorisation des textes lus est très mauvaise.

Bilan radiologique réalisé aux Etats-Unis (1988) : Laure est prise en charge par l'équipe du Professeur Starr (Université d'Irvine, Los Angelès, U.S.A.), qui procède à un Petscan (1988). Selon les protocoles reçus, les lésions affectent les noyaux sensitifs du thalamus, ainsi que la plupart des noyaux gris de la base. L'examen par Résonance magnétique nucléaire révèle un élargissement des ventricules latéraux. La substance blanche est sans particularité. Une évaluation de la perfusion cérébrale par injection de Xénon-133 (réalisée en février 1991) montre une hypoperfusion frontotemporale droite. (Professeur Starr, communication personnelle; les documents radiologiques sont en cours de publication).

Mise en évidence d'un syndrome "Parkinson-like" (1988) : la prise en charge de Laure par l'Université d'Irvine aboutit également à la mise en évidence d'un syndrome "Parkinson-like", pour lequel Laure est traitée avec du Sinemet®.

Potentiels évoqués (février 1991) : la vitesse de conduction des influx nerveux des voies motrices centrales est testée pour les membres supérieurs et inférieurs. Les voies pyramidales apparaissent tout à fait normales.

3. Les étapes de la rééducation de Laure

Lorsque Laure rentre chez ses parents en janvier 1987, ses problèmes dramatiques de mémoire sont perçus comme irrécupérables. Son fiancé la quitte et Laure sombre rapidement dans un état dépressif que des séances d'ergothérapie n'améliorent pas. Des bouffées d'agressivité apparaissent par instant. A cette époque, Laure ne semble pas se rendre compte de sa situation. Elle vit repliée sur elle-même et son physique s'épaissit. En 1987, les parents refusent une proposition de psychanalyse et entreprennent seuls sa rééducation.

Rééducation physique : en 1988, Laure est confiée à un maître-nageur professionnel. Au début, Laure se fait aider par sa mère pour se déshabiller et pour marcher. Au rythme de trois à quatre séances par semaine, elle suit un entraînement physique régulier. Au bout de quelques mois, elle marche seule, retrouve son point d'équilibre dans l'eau, nage une demi-longueur sans assistance et retrouve une silhouette de jeune fille. Actuellement, elle nage une quinzaine de longueurs sans la moindre difficulté. Une certaine inertie psychologique pour entamer une action demeure cependant. Depuis le début 1991, Laure a également pu se remettre au tennis, avec un très réel succès.

Rééducation logopédique : le travail de rééducation logopédique a été favorisé par l'initiation simultanée à l'utilisation d'un Personal Computer. La régression (ou la disparition) d'une partie des symptômes (micrographie, dysarthrie) et l'amélioration des facultés d'apprentissage sont suivies par un retour à la pratique de l'espagnol et, surtout, de l'anglais. Laure traduit actuellement couramment des textes français en anglais et vice-versa. On remarque toutefois que ses traductions se font par blocs de mots séparés qui ne respectent pas toujours la structure de la phrase. Tout récemment, elle est devenue capable de traduire à la dictée (et directement) un texte français en anglais. Laure reste moins performante devant des textes lus. Lorsqu'elle doit recourir au dictionnaire pour traduire un mot à plusieurs significations, on observe toujours la sélection du premier sens, même si ce dernier n'est pas adapté.

Utilisation d'un Personal Computer : Dès 1988, ses parents entreprennent de l'initier à l'utilisation d'un Personnal Computer. Fin 1990, l'apprentissage fut amélioré par le respect de deux caractéristiques révélées par la pratique et les tests : l'intérêt des couleurs dans les processus d'apprentissage (bilan logopédique) et la lecture par blocs de quelques mots (bilan logopédique). Sur les conseils de l'équipe du Professeur Starr, les instructions pour chaque opération sont décortiquées par étapes, chacune de celles-ci étant marquée d'une couleur-code (le rouge pour les manoeuvres strictement interdites, le vert pour ce qu'il faut faire, l'orange pour les étapes requérant une attention toute particulière, comme "sauver", et le jaune pour ce qui s'affiche à l'écran). La disposition des instructions dans l'espace est capitale. Laure semble en effet éprouver des difficultés pour mémoriser une ligne entière. Elle peut en revanche intégrer un bloc d'informations disposées en deux demi-lignes superposées. Actuellement, Laure se sert couramment du Wordperfect 5 et du Dbase III. Elle sait ouvrir un fichier, encoder un texte et gérer une base de données. Ses performances y sont tout à fait satisfaisantes.

Rééducation par le jeu : dès 1988, Laure manifeste un vif intérêt pour certains jeux de mots, tel le Boggle. Elle éprouve seulement des difficultés pour transcrire les mots qu'elle compose. Ses parents l'initient alors au scrabble. Elle retrouve une grande virtuosité dans le maniement du vocabulaire français. Laure relie facilement deux mots horizontaux en imaginant un nouveau mot vertical. Capable de fixer son attention sur de petites surfaces de jeu, elle est cependant incapable de relier deux mots trop éloignés l'un de l'autre.

Reprise d'une activité à l'extérieur (1990) : Laure travaille chaque après-midi comme secrétaire volontaire au Mouvement pour la Paix. Elle gère sous supervision le fichier d'adresses et certains courriers en Wordperfect. Elle est toutefois encore incapable d'utiliser une imprimante. Deux fois par semaine, Laure travaille également bénévolement dans une crèche pour nourrissons. Elle se rend à ces différents endroits seule, soit à pied, soit en utilisant un bus et ne commet pas d'erreur. Il faut cependant lui rappeler son trajet au départ de chaque sortie; elle emporte toujours un plan avec elle.

4. Intervention de la cellule Vivre chez soi

C'est à ce stade de sa rééducation que Laure s'est adressée au "Dispositif-CARAT en Accompagnement" avec une demande bien précise : vivre de manière autonome chez elle.

A ce moment, elle vivait en partie seule dans un appartement situé dans l'immeuble de ses parents. Son quartier était sensibilisé à son problème. L'organisation de sa vie quotidienne autonome a nécessité la mise au point de systèmes de suppléance aux trois problèmes suivants : 1. La mémoire déficiente. 2. La désorientation spatio-temporelle. 3. Le manque d'initiatives.

Le PP s'est structuré en quatre étapes, chacune de celles-ci ayant suscité l'utilisation (ou la création) d'outils adaptés.

La première étape visait l'amélioration de la gestion par Laure de son espace-temps. En particulier, son entourage avait observé les difficultés qu'éprouvait la jeune fille pour utiliser un plan simple de son appartement. Ce problème fut surmonté par le recours à un code de couleurs. En pratique, les armoires de rangement de la salle de séjour furent rapportées sur un plan global de son logement selon un code de couleurs. Cette innovation permettait de pallier le déficit de mémoire immédiate et facilitait la restructuration de son espace-temps quotidien.

La deuxième étape visait l'apprentissage des différentes tâches ménagères, telles que passer l'aspirateur, faire la vaisselle, ranger son appartement, etc... Pour ce faire, un certain nombre d'outils spécialement adaptés aux déficiences de la mémoire immédiate ont permis la réussite de cette étape. C'est ainsi que chaque appareil électro-ménager (lave-linge, lave-vaisselle) fut muni d'un mode d'emploi adapté, expliquant son fonctionnement en recourant aux mêmes codes de couleur que celui des feuilles d'utilisation des programmes de son P.C. On trouvera un exemple de ces modes d'emploi dans le Tableau 9.

Tableau 9 : Comment passer l'aspirateur dans son appartement?

		JE PASSE L'ASPIRATEUR	LORSQUE C'EST FAIT, JE METS UNE CROIX
9		J'ASPIRE CETTE PARTIE	▶
10		JE REMETS A LEUR PLACE - les chaises - le coussin du chien - la petite table blanche - les autres objets dans le chemin	▶
11		JE DEGAGE LE SOL DE LA CUISINE - EN DEPLAÇANT VERS LE LIVING - la poubelle - l'écuelle du chien	▶
12		J'ENCLENCHE LA BROSSE DE L'ASPIRATEUR (pousser "sol dur") ET J'ASPIRE LA CUISINE Je laisse la poubelle et l'écuelle du chien hors de la cuisine car je vais la... NETTOYER A L'EAU	▶

13		J'ENLEVE DE L'ASPIRATEUR LES 2 TUYAUX METALLIQUES AVEC LA BROSSE
		Je fixe à l'embout plastique la brosse grise sans poils et j'aspire avec cette brosse :
		- le fauteuil noir -> devant
		                    -> derrière
		- le canapé-lit -> dessus
		              -> les côtés
		- le coussin du chien
			▶

14		JE RANGE L'ASPIRATEUR - J'enlève et je range la brosse grise - je remets les tuyaux métalliques + brosse - je range l'aspirateur dans l'armoire ... LES TUYAUX VERS LE MUR	▶

		JE PASSE L'ASPIRATEUR	LORSQUE C'EST FAIT, JE METS UNE CROIX
1		JE DEGAGE LE SOL DU HALL	▶
2		JE DEGAGE LE SOL DE LA SALLE DE BAIN - la poudre à lessiver, la poubelle, les produits, papier WC, le tapis, le sèche-linge sur la baignoire.	▶
3		JE PREPARE L'ASPIRATEUR (pousser "atelier") - j'enclenche la brosse - J'aspire la salle de bain - J'aspire le hall	▶
4		JE REMETS LES AFFAIRES DU HALL ET DE LA SALLE DE BAIN EN PLACE	▶
5		JE DEGAGE LE SOL DE LA MOITIE DU LIVING - en déplaçant le porte-parapluie - en déplaçant le porte-journaux - en déplaçant le fauteuil noir - et autres objets dans le chemin	▶
6		J'ENCLENCHE LA BROSSE DE L'ASPIRATEUR (pousser "tapis")	▶
7		JE REMETS A LEUR PLACE - le porte-parapluie - le porte-journaux - le fauteuil noir - les autres objets	▶
8		JE DEGAGE LE SOL DE L'AUTRE MOITIE DU LIVING - en déplaçant les chaises - le coussin du chien - la petite table blanche - et autres objets dans le chemin	▶

Légende : Mode d'emploi à l'usage d'une Stagiaire atteinte d'un Syndrome de Korsakoff, entraînant notamment une déficience majeure de la mémoire à court terme (mémoire antérograde). Toutes les étapes sont clairement détaillées. La Stagiaire était invitée à cocher d'une croix les tâches particulières qu'elle venait d'accomplir.

La troisième étape visait l'apprentissage de la cuisine et de tout ce qui s'ensuit : composer un menu, équilibrer son alimentation, faire ses courses, etc. De ce point de vue également, la réussite de cette étape fut rendue possible par la mise au point d'outils spécialement adaptés à cette situation.

La dernière étape permit à Laure d'équilibrer son budget. Un certain nombre d'outils - fréquemment utilisés dans la "Dispositif-CARAT en Accompa-gnement" - furent à cette occasion utilisés.

5. Conclusion

Lorsque Laure s'est présentée à l'accueil, les premières étapes de la rééducation avaient été prises en charge par ses parents. Son évolution durant ces cinq dernières années montre une certaine dissociation dans la récupération entre les mémoires antérograde et rétrograde[127].

L'amnésie antérograde a bien évolué. Laure a progressivement retrouvé des capacités d'apprentissage, comme en témoigne son adaptation à un Personal Computer. Cet apprentissage fut favorisé par le recours à un code-couleur. Des difficultés subsistent cependant. Laure ne semble assimiler que des blocs d'informations disposées sur des surfaces réduites. On observe en outre que le rappel, après délai, des informations stockées est toujours incomplet. Le handicap à la lecture de journaux, de revues et de livres reste considérable, ce qui soulève la question de l'organisation des loisirs. Les prosapognosies et les confabulations ont totalement disparu.

L'amnésie rétrograde est actuellement bien résorbée dans le domaine linguistique. Laure a retrouvé l'usage des trois langues qu'elle pratiquait avant son accident ; son niveau de connaissances générales est correct. Sa maîtrise du vocabulaire français est grande, ainsi qu'en témoignent ses performances aux jeux de Boggle et de Scrabble, même si ses parents estiment que le niveau antérieur des performances n'est pas encore atteint. Sa syntaxe est tout à fait satisfaisante.

Les problèmes de désorientation spatio-temporelle et de manque d'initiatives demeurent invalidants. Ses facultés imaginatives sont encore déficientes. La rédaction récente de courtes lettres personnelles pourrait être l'indice d'une amélioration sur ce point.

Son avenir sera largement conditionné par sa capacité à vivre de manière autonome dans son appartement. Cet objectif passe par la mise en place d'un système complexe de moyens mnémotechniques susceptibles de l'aider dans la gestion quotidienne de sa vie concrète. A terme, la question des loisirs et celle de la stabilisation d'une activité extérieure apparaissent comme des éléments déterminants.

Chapitre 9

DÉFICIENCE MENTALE CONGÉNITALE ET ACCOMPAGNEMENT

En règle générale, les personnes handicapées qui font appel à l'Accompagnement présentent un handicap mental depuis leur naissance. Elles ont vécu, tantôt dans des homes, tantôt chez leurs parents ; elles ont souvent suivi un enseignement spécial et sont, dans certains cas, en contact avec le *Fonds Communautaire d'Intégration Sociale et Professionnelle pour Personnes Handicapées* lorsqu'elles s'adressent à l'un des trois services du "Dispositif- CARAT en Accompagnement". Elles appartiennent à tous les milieux sociaux et leurs demandes sont aussi disparates que possible. Ce chapitre vise à faire toucher du doigt un certain nombre de réalités concrètes de l'insuffisance mentale *congénitale*. Conformément à la méthode des deux derniers chapitres, nous prendrons contact avec cette pathologie à travers l'histoire de quelques personnes handicapées. Ces récits nous permettront également de présenter schématiquement quelques-unes des meilleures réalisations belges en faveur de ces hommes et de ces femmes.

1. L'histoire de Clément et l'organisation de l'Enseignement spécial en Belgique

Clément est né le 8 mai 1970 à Ohain, petite ville proche de Bruxelles. Sa soeur présente une insuffisance mentale depuis sa naissance. Agé de quelques mois, Clément réagit vivement à une vaccination de routine contre la polio : il en gardera une hypomobilité du membre supérieur gauche et une grande lenteur d'assimilation. Ses parents sont cultivateurs. Clément a toujours vécu chez eux. Du point de vue scolaire, il a suivi les cours de l'Enseignement spécial, type I. Il achève des études de mécanique en 1990.

L'Enseignement spécial belge, dont l'organisation est réputée dans le monde entier, est organisé par une loi-cadre formulée le 6 juillet 1970[128]. Selon cette loi, l'Enseignement spécial doit remplir les trois fonctions principales suivantes :

- développement des aptitudes physiques, morales et intellectuelles des personnes handicapées.
- préparation à la vie familiale et à leur intégration sociale.
- apprentissage d'un métier ou d'une profession compatible avec leur handicap.

Pour répondre à ces objectifs, la loi met en place des organismes spéciaux d'orientation scolaire. Ceux-ci conseillent les parents des enfants handicapés dans le choix d'un enseignement. L'avis d'un médecin est toujours requis selon la loi et l'accord du chef de famille est toujours demandé. Si un litige survient entre le père de l'enfant et le centre d'orientation, le dossier est transféré auprès d'un Juge de la Jeunesse.

Sur le plan structurel, l'Enseignement spécial comprend huit filières (huit types) différentes :

Type 1 : pour jeunes handicapés mentaux légers[129].
Type 2 : pour jeunes handicapés mentaux modérés et légers.
Type 3 : pour jeunes souffrant de troubles caractériels.

Type 4 : pour jeunes souffrant d'un handicap physique.
Type 5 : pour jeunes malades.
Type 6 : pour jeunes à la vue déficiente.
Type 7 : pour jeunes à l'ouïe déficiente.
Type 8 : pour jeunes souffrant de troubles instrumentaux[130].

Le niveau "secondaire" de l'Enseignement spécial comprend, à l'intérieur de chacun de ces types, quatre grandes orientations (ou "formes") :
Forme 1 : vise seulement l'intégration sociale des élèves.
Forme 2 : ajoute à cette préparation un apprentissage de la vie professionnelle.
Forme 3 : dispense un enseignement spécial secondaire professionnel.
Forme 4 : dispense un enseignement normal quant au contenu, mais adapté au niveau de ses méthodes et de ses outils pédagogiques.

Armé de son diplôme de mécanicien, Clément s'adresse au "Dispositif-CARAT en Accompagnement" pour suivre une formation adaptée au permis de conduire théorique. Le "premier accueil" met en évidence une réelle motivation aussi bien chez Clément que chez ses parents. Un contrat est très rapidement signé entre le jeune homme et l'Equipe : l'apprentissage aura lieu dans la cellule *Formation générale*.

Mais il faut que Clément se déplace jusqu'à l'Accompagnement pour y suivre sa formation. C'est le premier drame. La surprise est considérable dans l'entourage du jeune homme lorsque l'Equipe suggère que Clément se rende à CARAT seul, en utilisant les moyens de transport en commun (train, métro). Il n'a jamais fait cela, objecte-t-on. Mais tout le monde finit par se laisser convaincre et l'expérience est tentée. Depuis lors, Clément a appris à voyager en train, en bus ou en métro sans le moindre problème. En formation, il révèle très rapidement ses limites : une incapacité radicale à comprendre la notion de règle. Il n'en voit pas l'utilité. En revanche, il se révèle capable d'assimiler des situations concrètes. Sa formation sera donc essentiellement pratique : Clément doit se familiariser avec le plus grand nombre de situations possibles. Il le fit lentement.

Ce type de formation est souvent demandé à l'Accompagnement. Sur les soixante-trois projets mis sur pied dans cette cellule entre janvier 1988 et avril 1991, seize (soit vingt-cinq pour cent) touchent à l'apprentissage du code de la route. A ce sujet, il existe une collaboration entre CARAT et un organisme gouvernemental. CARAT recourt généralement à ses services pour faire passer un premier test d'aptitude aux personnes handicapées qui souhaitent disposer d'une automobile. Les Stagiaires qui contrôlent mal leur ingestion d'alcool sont refusés, pour des raisons élémentaires de sécurité. La formation ne fait pas appel à un matériel particulièrement adapté : elle insiste généralement sur les situations concrètes que les futurs conducteurs rencontreront. Sur les seize formations entamées, huit ont été menées à bien, et les huit Stagiaires ont acquis sans difficulté leur permis de conduire[131].

2. L'histoire de Sophie

Quand Sophie se présenta un jour à l'Accompagnement, elle était âgée de trente-quatre ans. Elle avait suivi, elle aussi, les filières de l'Enseignement spécial, tout en demeurant chez ses parents. Son existence était des plus tranquilles. Sur le plan professionnel, Sophie partageait son temps entre un travail bénévole de deux jours par semaine dans une crèche et une ergothérapie (vannerie et tissage essentiellement). En dehors de ces activités, elle était très démunie : à trente-quatre ans, Sophie était toujours incapable de s'occuper des tâches domestiques quotidiennes. Elle ne possédait aucune notion de ce qu'est un budget.

Au cours de l'accueil, Sophie révèle qu'elle est arrivée à CARAT par l'intermédiaire d'un Centre bruxellois spécialisé. Elle cherche en fait à devenir plus indépendante de sa famille. Préoccupés par l'avenir de leur fille après leur mort, ses parents souscrivent entièrement à cette aspiration.

Une première étape est décidée : la location d'un appartement indépendant. Sophie commence par s'initier aux rudiments du maniement de l'argent. Elle apprend à connaître l'existence des banques, à ouvrir un compte, à le tenir à jour, à gérer un budget. Après quelques réticences, elle obtient de ses parents la gestion de ses allocations pour handicapés. A son grand étonnement, elle trouve un appartement et parvient à le louer. Tout reste cependant à faire : il lui faut apprendre à faire ses courses, son ménage, ses repas, sa lessive. Un an sera nécessaire pour que la cellule Vivre chez soi puisse estimer, avec Sophie, que'elle est devenue parfaitement capable de vivre seule.

La jeune femme habite dans son appartement depuis bientôt un an. Tout se passe bien. Ses parents ont dû apprendre à ne plus la voir tous les jours et elle a dû apprendre à ne compter que sur elle-même. Le cordon ombilical s'est rompu de manière harmonieuse, à la grande joie de tout le monde.

La suite de l'histoire permet de comprendre le type de dynamique qu'instaure souvent une démarche réussie d'Accompagnement. Sophie a commencé à s'ennuyer. Sa solitude durant ses nombreux temps libres lui pesait. Comment se faire des amis ? Un nouveau projet fut élaboré avec la cellule Temps libre. L'Accompagnement la mit en contact avec différentes associations connues pour organiser des activités de détente (ou de vacances) avec des personnes handicapées. Sophie se mit également à fréquenter la Bourse aux loisirs. Des affinités voient le jour. De nouveaux projets surgissent : il est par exemple très agréable de prendre un verre avec une amie. Mais, pour cela, il faut arriver à temps à ses rendez-vous : Sophie fut obligée de devenir ponctuelle, ce qu'elle n'avait jamais été.

Sophie structure pour l'instant ses loisirs. Après, - qui sait ? -, peut-être voudra-t-elle stabiliser son travail à la crèche ? Il faudra dans ce cas entreprendre un nouveau projet de formation. Mais, pour l'instant du moins, cette perspective appartient encore au futur.

3. L'histoire de Robert

Robert est l'un des premiers Stagiaires qui aient fréquenté CARAT. C'est dire qu'il dispose dans la maison du statut privilégié d'"ancien". Encore faudrait-il préciser que cette appellation ne rend la réalité que très partiellement. Robert n'est pas seulement un ancien : il est à lui tout seul une véritable institution.

Quand il arrive à l'Accompagnement à la fin des années soixante-dix, il s'occupe de menuiserie et de menus travaux d'entretien dans un atelier protégé. Robert possède déjà un trait de caractère qui le distingue de tout autre Stagiaire, à savoir une volonté inflexible d'arriver au but qu'il s'est fixé. De mémoire d'Accompagnateur, ce garçon est toujours arrivé là où il l'avait décidé, quels que soient les moyens. On ne s'oppose pas à lui, et si, par inconscience, quelqu'un décide de contrecarrer ses projets, il court le risque très réel de se faire contourner tôt ou tard.

Mais le caractère ne fait pas le savoir. Robert est incapable de lire, d'écrire, de compter ou même de signer de son nom; il ne sait pas se déplacer seul et l'usage du téléphone lui est inconnu. Sa demande, pourtant, est très claire : il veut devenir comme ses frères et soeurs. CARAT prit donc l'habitude de le voir venir tous les jours, en fin d'après-midi, après son travail. Ce jeune homme s'est tout de suite focalisé sur les "trucs" pratiques dont il avait vraiment besoin. Il ne fallut pas deux semaines pour que le maniement du téléphone n'ait plus de secrets pour lui. Il apparut que son ignorance provenait de ce que son entourage l'avait toujours considéré comme inapte. En un an, Robert avait résorbé une grande partie de son retard.

Il caressa alors l'idée de trouver un travail dûment rémunéré. Rien dans son passé ne l'avait préparé à entrer dans une perspective de vie de cette nature. Robert n'avait du travail qu'une idée fort imprécise et, surtout, très peu réaliste.

Mais sa volonté fit le nécessaire. Pendant une année supplémentaire, Robert est venu tous les jours, de dix-sept à vingt heures. Il apprenait tout ce qui lui manquait au-delà des gestes techniques qu'il avait correctement appris dans l'Enseignement spécial : les comportements, les relations avec des collègues travailleurs "normaux", les horaires. Il apprit qu'un bon travailleur est apprécié d'après sa production plutôt que selon ses efforts. Il s'initia à la sécurité, aux règles de travail, du syndicat, de la mutuelle.

Pendant une année de plus, il est encore venu, au même rythme, pour s'exercer au travail par des "Stages CARAT en Entreprises". Au début, il se faisait accompagner dans les entreprises. Ces premiers travaux lui ont valu une petite rémunération. Il y acquit un certain rythme de travail et, plus péniblement il est vrai, une meilleure constance.

Robert décida alors de quitter son atelier protégé pour trouver un autre travail. Ce changement de cap lui valut l'hostilité de sa famille. Pourquoi voulait-il quitter la sécurité de l'atelier protégé ? Pourquoi renoncer à ses allocations de handicapés, qui lui garantissaient un revenu jusqu'à sa mort (et permettaient à son père de bénéficier d'un abattement fiscal double) ?

Mais Robert persévère : il se fait engager par une firme pour faire du conditionnement. Pour y parvenir, l'Accompagnement l'aide à obtenir un "Contrat d'Apprentissage Professionnel" (C.A.P.) du FCISPPH. Le jeune homme n'abandonne pas l'Accompagnement pour autant. Il demande de l'aide pour améliorer la qualité de son travail. Dès que ses heures journalières sont terminées, il se rend à CARAT pour suivre une formation plus théorique. Avec son accord, l'Accompagnement prend contact avec son chef d'équipe qui lui indique ses défauts durant son travail : l'Equipe met au point des exercices pour l'entraîner à compter les caisses, à reconnaître les étiquettes ou le nom de certains produits. Cette période probatoire débouche sur son engagement par le biais d'une convention 26 (voir *infra*). Le jeune homme travaille dans cette entreprise depuis quelque dix ans déjà.

4. Le "Dispositif-CARAT en Accompagne-ment" et le Fonds Communautaire d'Intégration Sociale et Professionnelle pour Personnes Handicapées : une synergie

Nous l'avons vu, le FCISPPH est intervenu aux côtés de l'Accompagnement dans les premiers moments de la vie professionnelle de Robert. Créée en 1963, cette structure s'est acquis une réputation enviable au sein des autres pays européens. Parmi les aides nombreuses que ce Fonds peut octroyer, nous en présenterons schématiquement deux, que l'on retrouve fréquemment dans les dossiers de Stagiaire : le "Contrat d'Apprentissage Spécial" (C.A.P.) et la "Convention Collective de travail n° 26".

Le "Contrat d'Apprentissage Spécial " (C.A.P.) est un contrat passé entre un employeur, une personne handicapée et le Fonds. Il permet à un employeur d'engager un jeune homme ou une jeune femme handicapés pour lui apprendre sur le terrain les rudiments d'un métier. La faible rentabilité d'une personne handicapée est compensée par une intervention financière du Fonds. Ce dernier paie l'intégralité du traitement ; donc à l'employeur de faire un geste. L'Accompagnement intervient pour aider la personne handicapée à trouver un employeur et à engager les formalités administratives avec le Fonds (Tableau 10).

Tableau 10 : Evolution du nombre de contrats d'apprentissage professionnels supportés par le Fonds National de Reclassement Social des Handicapés depuis 1983 jusqu'à 1988

1983	1984	1985	1986	1987
867	1006	1053	1060	1124

D'après *1963-1988 : vingt-cinq années de réadaptation et de reclassement social des personnes handicapées*, op. cit., p. 48.

La formule du C.A.P. offre les avantages suivants :
a) elle offre un objectif approprié aux capacités physiques et intellectuelles de la personne handicapée

b) elle permet d'adapter la durée de la période de formation aux possibilités de la personne handicapée

c) elle permet généralement de trouver un employeur tout près du domicile de la personne handicapée, ce qui permet de simplifier certains problèmes de déplacement

d) elle offre un large éventail de postes de travail

e) elle permet une insertion immédiate de la personne handicapée dans un milieu de travail normal

f) il n'est pas rare que l'employeur qui a formé la personne handicapée la garde en service après le Contrat d'apprentissage[132].

La "Convention collective de travail n° 26" (connue sous le nom de "Convention 26") fut adoptée le 15 octobre 1975 pour favoriser l'emploi des personnes handicapées. La "Convention 26" permet à un employeur d'engager une personne handicapée sans supporter l'entièreté de son salaire. Le salaire versé par l'entreprise est directement proportionnel à la rentabilité du travailleur. Le complément est pris en charge par le Fonds ou par l'Office National de l'Emploi. Elle est limitée à une année, mais est renouvelable (Tableau 11)[133].

Tableau 11 : Evolution du nombre de "Conventions 26" accordées par le Fonds National de Reclassement Social des Handicapés depuis 1982 jusqu'à 1987

1982	1983	1984	1985	1986	1987
366	252	314	334	377	475

D'après *1963-1988 : vingt-cinq années de réadaptation et de reclassement social des personnes handicapées*, op. cit., p. 58.

5. Conclusion

L'insuffisance mentale congénitale est la pathologie la plus fréquemment rencontrée dans l'Accompagnement. Les jeunes gens qui se présentent sont généralement affectés d'un retard mental léger ou moyen.

La complexité de ces situations concrètes est souvent très grande. Accompagner une jeune personne handicapée n'est jamais simple. Le succès de la démarche est souvent fonction de l'aptitude de l'Accompagnateur à programmer les étapes de la formation du Stagiaire. Il faut d'abord sentir ce par quoi il faut commencer (et cela varie d'un Stagiaire à l'autre) avant de progresser patiemment, étape par étape.

Chaque Stagiaire se présente également dans un environnement qui lui est propre : un home, un atelier protégé, un service social, le FCISPPH. Chaque pôle de cet environnement porte, chacun à sa manière, la souffrance, le désarroi, la détresse parfois, le sentiment d'échec permanent en tout cas, de toute personne handicapée. L'"accueil" est toujours une rencontre de la souffrance : de celle du futur Stagiaire et de celle de son environnement.

Pour avoir une chance de réussir, toute démarche d'Accompagnement se doit de tenir compte de l'ensemble de ces éléments. Il est impossible d'aider une personne handicapée en faisant abstraction de son entourage familier. Cette contrainte ne signifie pas que cette forme d'intervention s'apparente à une forme de thérapie familiale. L'Accompagnement est une démarche accomplie par une personne handicapée avec une Equipe. Il y a là un acte de foi que l'entourage doit poser. Ce n'est pas toujours évident.

Par sa nature enfin, l'Accompagnement se doit de collaborer avec l'ensemble des organismes nationaux, communautaires, régionaux ou communaux susceptibles d'aider un Stagiaire à progresser dans la conquête de son autonomie. Le réseau des structures utiles pour le Stagiaire est ici étonnamment complexe. La force de cette Stratégie d'intervention réside dans son aptitude à mettre une personne handicapée en contact avec les entités qui sont le mieux adaptées à son cas.

CONCLUSION GÉNÉRALE

Le problème de santé majeur qu'est la déficience mentale chez l'adulte est sorti durant ces trois dernières décennies de l'enlisement dans lequel il était confiné depuis la fin du XIXème siècle. Ce changement est lié au mouvement de *désinstitutionnalisation* et à l'essor des grandes Stratégies d'intervention. Ces dernières - et tout spécialement la Normalisation, le Plan de services individualisé et la Valorisation des Rôles sociaux visent en effet à intégrer la personne mentalement déficiente dans la société.

Depuis vingt ans, une nouvelle Stratégie d'intervention a vu le jour en Europe occidentale : l'Accompagnement. Ses originalités principales portent sur deux points. Tout d'abord, l'Accompagnement met l'accent sur la demande propre et sur la motivation de la personne mentalement déficiente adulte. Bien plus que dans les autres Stratégies d'intervention, celle-ci est perçue comme un centre autonome de désirs, de décisions, d'espoirs, de joie et de souffrance. Ensuite, l'Accompagnement préconise une véritable participation de la personne mentalement déficiente aux sociétés modernes. En d'autres termes, l'Accompagnement ne se contente pas d'insérer le jeune adulte déficient quelque part dans la société. Il entend le rendre autant que possible partenaire des mécanismes sociaux. Autrement dit, l'Accompagnement considère la personne mentalement déficiente comme un *sujet de droits, mais aussi de devoirs*. Cette conception est éminemment politique, au sens originaire du mot. Elle vise en effet le fonctionnement de la Cité des hommes.

Cette nouvelle Stratégie d'intervention commence à être conceptualisée - aussi bien au niveau de sa théorie que de sa pratique - au sein du "Dispositif-CARAT en Accompagnement".

NOTES

Introduction

1. Sur le concept de Stratégie d'intervention, voir S. Ionescu, *L'intervention en déficience mentale*, 2 t. parus, Liège-Bruxelles, P. Mardaga Éditeur, 1987 et 1990.

2. W. Wolfensberger, B. Nirje, S. Olshansky, R. Perske, and P. Roos, *Normalization, the principle of normalization in human services*, Toronto, National Institute on Mental Retardation, 1972.

3. *Le Plan de services individualisé, participation et animation*, sous la direction de D. Boisvert et avec la collaboration de J.-P. Blaie, Ottawa, Pratiques en déficience mentale, 1990.

4. W. Wolfensberger, *La valorisation des rôles sociaux*, Genève, Editions des deux Continents, 1991.

5. Tr. fr. de ce texte *in* S. Ionescu, *L'intervention en déficience mentale*, op. cit., t. 1, pp. 183-194.

6. Cette dimension européenne de l'Accompagne-ment a été très bien soulignée lors du sixième Congrès de M.A.I.S. (Mouvement pour l'Accompagnement et l'Intégration Sociale) qui s'est tenu à Strasbourg les 19-20-21 mai 1992.

7. P. Leboutte et M.-N. Auriol, *L'Accompagnement de Personnes handicapées pour leur Participation optimale à la Société, à ses mécanismes et à ses réseaux*, Bruxelles, Carat Editeur, 1992 (Document de travail).

8. Communauté française de Belgique, *Décret relatif aux Services d'Accompagnement des Personnes Handicapées adultes*, 28 juillet 1992.

Chapitre 1

9. G. Lyon et Ph. Evrard, *Neuropédiatrie*, Paris, Masson, 1987, pp. 385-397. On trouvera une définition équivalente *in* J.-H. Menkes, *Textbook of Child Neurology*, Philadelphia, Lea and Febiger, 1985, third edition, pp. 768-773.

10. H.-J. Grossman (Ed.), *Classification in mental retardation* Washington, American Association of Mental Retardation, 1983 ; du même auteur, *Manual on terminology and classification in mental retardation, 1977 revision*, Washington, American Association for Mental Deficiency, 1977.

11. Ph. Wood, *International Classification of Impairments, Disabilities, and Handicaps. A manual of classification relating to the consequences of disease*, World Health Organization, 1980, tr. fr., *Classification internationale des handicaps : déficiences, incapacités et désavantages. Un manuel de classification des conséquences des maladies*, Vanves, Centre Technique National d'Etudes et de Recherches sur les Handicaps et les Inadaptations (Noté dorénavant *Classification* ...). Dans cette *Classification*, les situations pathologiques sont pensées en fonction de leur retentissement sur les performances globales de l'individu et sur son intégration sociale. Selon Ph. Wood, la maladie ou le trouble entraînent successivement une déficience, une incapacité et un désavantage social.

12. Le DSM-III donne la définition suivante : "*(1) un fonctionnement intellectuel général significativement inférieur à la moyenne, (2) entraînant des déficits ou altérations du comportement adaptatif, ou associé avec eux, (3) débutant avant 18 ans.*" (*Diagnostic and statistical Manual of Mental Disorders*, third Edition, Washington D C, American Psychiatric Association, 1980, tr. fr. coordonnée par P. Pichot, *DSM-III, Manuel diagnostique et statistique des troubles mentaux*, Paris, Masson, 1986, p. 43).

13. *L'arriération mentale : un défi à relever*, Organisation Mondiale de la Santé, Publication Offset n° 86, 1986, pp. 8-9.

14. Les tests de Binet-Simon satisfaisaient aux quatre conditions suivantes :
1° ils constituaient une expérience exacte et constante;
2° ils étaient applicables à la majorité des sujets;
3° ils visaient à relever le plus grand nombre de différences individuelles dans les activités mentales les plus complètes;
4° ils permettaient d'établir une photographie mentale de l'individu.
Voir G. Heuyer, *Introduction à la psychiatrie infantile*, Paris, Presses Universitaires de France, 1952, troisième éd. entièrement refondue, 1969, p. 143.
15. G. Lyon et Ph. Evrard, *Neuropédiatrie, op. cit.*, pp. 385-386 et *DSM-III, Manuel diagnostique et statistique des troubles mentaux, op. cit.*, pp. 45-46.
16. *L'arriération mentale : un défi à relever, op. cit.*, p. 8. L'I.A.S.S.M.D. est l'Association Internationale pour l'Etude Scientifique de la Déficience Mentale, alors que l'I.L.S.H.M. est la Ligue Internationale des Associations d'Aide aux Personnes avec un Handicap.
17. M. Manciaux, *Facteurs socio-économiques et culturels associés aux différentes formes de la déficience mentale chez l'enfant*, in *La déficience mentale : causes, prévention et traitement*, sous la direction de G. Ferrière, Bruxelles, Prodim, 1989, pp. 287-299. Voir également A. Maron, *Les aspects sociaux du handicap, id.*, pp. 301-302.
18. G. Lyon et Ph. Evrard, *Neuropédiatrie, op. cit.*, pp. 390-391.
19. L'intérêt du syndrome du chromosome X réside également dans la fréquence de son association avec l'autisme de Kanner. Il n'est pas impossible que l'élucidation du mystère génétique résidant dans ce syndrome permette de jeter les bases d'une compréhension organique moderne de l'autisme de Kanner. Vue d'ensemble du problème notamment *in* G.-R. Sutherland and Fr. Hecht, *Fragiles sites on human chromosomes*, New York-Oxford, Oxford University Press, 1985.
20. *Classification internationale des handicaps : déficiences, incapacités et désavantages. Un manuel de classification des conséquences des maladies, op. cit.*, pp. 23-28.

21. J.-P. Changeux, *L'homme neuronal*, Paris, Le temps des sciences, 1982, rééd. Paris, Fayard, coll. Pluriel, n° 8410, 1983.

22. Brève évocation de ces débats par Fr. Crick et Chr. Koch, "L'orchestration de la pensée", *Pour la science*, n° 181, 1992, pp. 134-141.

23. Ph. Caspar, *Le peuple des silencieux. Une histoire de la déficience mentale*, Paris, Fleurus, sous presse, 1994.

Chapitre 2

24. J.-Fr. Itard (1775-1838), qui publia en 1801 le célèbre rapport *"De l'éducation d'un homme sauvage"*, avait acquis quelques-uns des principes de base de l'éducation individualisée, tels que, notamment, l'importance des routines répétitives et la stimulation de l'aptitude à se débrouiller seul.

25. F.-P. Biestek, *Pour une assistance sociale individualisée. La relation de casework*, tr. fr. par M. Wahl, Paris, Seuil, 1957.

26. L. Kanner, Autistic disturbances of affective contact, *Nervous Child*, 2, 1943, pp. 217-250 (tr. fr. par G. Berquez, *L'autisme infantile*, Paris, Presses Universitaires de France, 1983, pp. 217-264).

27. S. Ionescu, *L'intervention en déficience mentale. Manuel de méthodes et de techniques*, op. cit., 1987, t. 1, pp. 21-43 et L'intervention en déficience mentale : bilan mille neuf cent quatre-vingt-onze, in *L'intervention en déficience mentale. Théories et pratiques*, Actes du deuxième Congrès International francophone, Lille : Diffusion Presses Universitaires de Lille, pp. 23-36.

28. P. Freire, *Educaçao como pratica da liberdade*, Rio de Janeiro, Ed. Paz e Terra, coll. Ecumenismo e humanismo, n° 5, 1967. Ce livre fondamental a été traduit dans toutes les langues et notamment en français sous le titre *L'éducation : pratique de la liberté*, Paris, Cerf, coll. Terres de feu, n° 9, 1971; *Pédagogie des opprimés*, suivi de *Conscientisation et révolution*, Paris, Maspero, Petite Collection Maspero, n° 130, Paris, 1974.

29. Platon, *Ménon*, 81e-85b, tr. fr. par L. Robin, *in* Platon, *Oeuvres*, Paris, Gallimard, coll. La Pléiade, 1950, 2 t., t. 1, pp. 513-557.

30. S. Ionescu, *L'intervention en déficience mentale. 1. Problèmes généraux, Méthodes médicales et psychologiques*, op. cit., p. 30, que nous suivons sur ce point. Ionescu a précisé ses positions *in* L'intervention en déficience mentale : bilan mille neuf cent quatre-vingt-onze, *in L'intervention en déficience mentale. Théories et pratiques*, Actes du deuxième Congrès International francophone, 1991, Lille : Diffusion Presses Universitaires de Lille.

31. Déclaration des droits du déficient mental (O.N.U.), tr. fr. *in* S. Ionescu, *L'intervention en déficience mentale. 1. Problèmes généraux, Méthodes médicales et psychologiques*, op. cit., pp. 183 -184.

32. A. et Fr. Brauner, *L'enfant déréel, histoire des autismes depuis les contes de fée ; fictions littéraires et réalités cliniques*, Toulouse, Privat, 1986. Nous pensons avoir trouvé une évocation d'enfant autistique dans une légende indienne d'Amérique du Nord (H.-R. Rieder, *Le folklore des Peaux-Rouges*, Paris, Petite Bibliothèque Payot, n° 283, pp. 212-214).

33. M. Coleman and Chr. Gillberg passent ces différents symptômes et handicaps en revue *in The biology of the autistic syndromes*, New York, Praeger Publishers, tr. fr. par A.-J. Collet, *Biologie des syndromes d'autisme*, Paris, Maloine/ Edisem, 1986, pp. 65-69.

34. L. Kanner, Autistic disturbances of affective contact, *art. cit.*, p. 250.

35. Voir sur ce point Fr. Dumesnil, *Autisme. Psychoses précoces et automutilations*, Montréal, Les Presses de l'Université de Montréal, 1989, pp. 22-30.

36. B. Rimland, *Infantile Autism*, New Jersey, Englewood Cliffs, Prentice-Hall, inc., 1964. L'ensemble des arguments en faveur d'une composante organique du syndrome fut récemment passé en revue par E.-M. Ornitz, "The functional neuroanatomy of infantile autism", *International Journal of Neurosciences*, 1983, 19, pp. 85-124.

37. Ces associations sont passées en revue par C. Bursztejn et B. Golse, *Les "causes organiques" de l'autisme infantile. Problèmes posés par l'association de l'autisme à des affections organiques*, in *Autisme et psychoses de l'enfant*, publié sous la direction de

Ph. Mazet et S. Lebovici, Paris, Presses Universitaires de France, 1990, pp. 67-87.

38. C. Barthélémy, J. Martineau, N. Bruneau, B. Garreau, J. Jouve, J.-P. Muh et G. Lelord, Marqueurs cliniques (items d'échelles de comportement), électrophysiologique (potentiels évoqués conditionnés) et biochimiques (acide homovanillique urinaire) dans l'autisme de l'enfant, *L'encéphale*, 1985, XI, pp. 101-106.

39. L. Bartak, *Educational Approaches*, in *Autism : A Reappraisal of Concepts and Treatment*, M. Coleman and Chr. Gillberg, *Biologie des syndromes d'autisme*, op. cit., pp. 11-22, *Autism : a reappraisal of concepts and treatment*, sous la direction de M. Rutter et E. Schopler, Plenum Press, New York, 1978, pp. 1-25, (ce livre vient d'être traduit en français par L. Missonnier et L. Hemain, *L'autisme : une réévaluation des concepts et des traitements*, Paris, Presses Universitaires de France, 1991), et, enfin, E.-M. Ornitz and E.-R. Ritvo, The syndrom of autism : a critical review, *Archives of General Psychiatry*, 1976, 33, pp. 609-621.

40. M.-D. Lansing and E. Schopler, *Individualized Education : A Public School Model*, in *Autism : a reappraisal of concepts and treatment*, op. cit., pp. 439-452; E. Schopler and G.-B. Mesibov, *Autism in Adolescents and Adults*, New York and London, Plenum Press, 1983.

41. E. Schopler and R.-J. Reichler, "Parents as cotherapists in the treatment of psychotic children", *Journal of Autism and Childhood Schizophrenia*, 1971, 1, pp. 87-102.

42. L'apparition de la Normalisation mettait fin à un demi-siècle de désintérêt du corps médical pour ce problème : L.-W. Szymansky and A.-C. Crocker, *Mental retardation*, in H.-I. Kaplan and B.-J. Sadock, *Comprehensive textbook of psychiatry*, op. cit., p. 1731, qui citent notamment le président J.-F. Kennedy (*"We as a Nation have long neglected the mentally ill and the mentally retarded. This neglect must end..."*, J.-F. Kennedy, *Discours sur l'Etat de l'Union*, 1962). L'exposé désormais classique du "Principe" de Normalisation est celui de W. Wolfensberger et al., *Normalization, the principle of normalization in human services*, op. cit.

43. Cité *in* le *Manuel d'Orientation sur la Déficience mentale*, Ontario, Association canadienne pour les déficients mentaux, p. 54.

44. B. Nirje, *The normalization principle and its human management implications*, in R. Kugel and W. Wolfensberger (Eds), *Changing patterns in residential services for the mentally retarded. Washington : Presidents Committee on Mental Retardation*, 1969, revised edition, 1976. De son côté, la Suède a adopté en 1968 une législation analogue à celle du Danemark. Ce dispositif fut renforcé par l'adoption d'une nouvelle loi en 1986 (Voir K. Grunewald, "Les déficients mentaux en Suède - Une nouvelle législation tendant à la Normalisation", *Actualités suédoises*, n° 345, avril 1986 et *La législation concernant l'assistance offerte aux personnes déficientes mentales*, in *L'intervention en déficience mentale, op. cit.*, pp. 146-156). Pour un bilan de l'expérience suédoise en matière de Normalisation, voir L. Kebbon, *Le principe de normalisation*, in *L'intervention en déficience mentale, op. cit.*, pp. 65-68.

45. Traduction *in* L. Kebbon, *Le principe de normalisation*, in *L'intervention en déficience mentale, op. cit.*, p. 65. Voir également le *Manuel d'Orientation sur la Déficience mentale, op. cit.*, p. 57. L. Kebbon définit ce principe comme suit : "*La normalisation signifie, donc, l'accès à "des patterns de vie et à des conditions de vie quotidienne aussi proches que possible des conditions et des modes de vie habituels.*" (L. Kebbon, Le principe de normalisation, *in L'intervention en déficience mentale, op. cit.*, p. 63.

46. B. Nirje, The basis and logic of the normalization principle, in L. Kebbon et al., *Six papers, IASSMD Congress Toronto*. Upssala : University of Uppsala (Mental Retardation Project), 1982.

47. Y. Grenier, La stérilisation volontaire, involontaire ou obligatoire, *Ethique, La vie en question*, n° 5, automne 1992, pp. 41-56.

48. K. Grunewald and T. Wallner, *Facts and figures on the mentally retarded and their living conditions in Sweden (Socialstyrelsen redovisar 1979 : 5)*, Stockholm, Liber, 1979.

49. R.-J. Flynn and K.-E. Nitsch (editors), *Normalization, social integration and community services*, *op. cit.*

50. D. Lazure, La législation concernant l'assistance offerte aux personnes déficientes mentales, 2. Le Québec, in *L'intervention en déficience mentale*, *op. cit.*, pp. 156-168.

51. *Le Plan de services individualisé, participation et animation*, sous la direction de D. Boisvert et avec la collaboration de J.-P. Blaie, *op. cit.*, pp. 33-55.

52. *Le Plan de services individualisé, participation et animation*, sous la direction de D. Boisvert et avec la collaboration de J.-P. Blaie, *op. cit.*, p. 59.

53. D. Lazure, La législation concernant l'assistance offerte aux personnes déficientes mentales, 2. Le Québec, in *L'intervention en déficience mentale*, *op. cit.*, p. 162.

54. *Le Plan de services individualisé, participation et animation*, sous la direction de D. Boisvert et avec la collaboration de J.-P. Blaie, *op. cit.*, p. 62.

55. *Id.*, p. 60.
56. *Id.*, p. 64.
57 *Id.*, p. 65.

58. D. Lazure, La législation concernant l'assistance offerte aux personnes déficientes mentales, 2. Le Québec, in *L'intervention en déficience mentale*, *op. cit.*, pp. 164-166.

59. W. Wolfensberger, "Social Role Valorization : A proposed new term for the principle of normalization", *art. cit.*; "A reconceptualization of normalization as Social Role Valorization", *Canadian Journal of Mental Retardation*, 1984, 32, pp. 22-26; "Social Role Valorization : A new insight, and a new term, for normalization", *Australian Association for the Mentally Retarded Journal*, 1985, 9, pp. 4-11; *La valorisation des rôles sociaux*, *op. cit.* Selon nous, N. Montreuil fait abusivement de la découverte de la notion de personne le moteur du passage de la Normalisation à la Théorie des Rôles Sociaux chez Wolfensberger (N. Montreuil, La Normalisation, *Handicaps-Info*, 1989, vol. 4, n° 3, pp. 58-73, et tout spécialement p. 71). Voir *infra*, ch. 2.

60. W. Wolfensberger, *La Théorie de la Valorisation des Rôles Sociaux*, *op. cit.*, p. 17.

61. *Id.*, p. 29.
62. *Id.*, p. 30.
63. *Id.*, p. 53.
64. *Id.*
65. *Id.*, pp. 63-68.
66. *Id.*, pp. 58-63.
67. *Id.*, p. 87.
68. *Id.*, pp. 81-91.

Notes de l'introduction à la deuxième partie

69. Allocution d'Alain Poissenot, Président du M.A.I.S., in *L'Accompagnement social. Un plus pour la personne handicapée. Un plus pour la société*, Actes du Congrès M.A.I.S de Grenoble 1989, Cesson-Sévigné, 1992, p. 2

70. A notre connaissance, le recensement des Services d'Accompagnement n'a été réalisé que pour la Communauté française de Belgique (J.-J. Detraux et M. Mercier, *Recherche relative aux critères devant présider à la programmation de la capacité d'accueil des établissements et services spécialisés dans le traitement des personnes handicapées de la Communauté française*, Bruxelles : rapport final commandé par la Communauté française de Belgique, 1990) et pour la France (*Annuaire national des Services d'Accompagnement*, Ligelsheim, MAIS, 1992, 1ère édition.

Chapitre 3

71. Pour une description du "Dispositif-CARAT en Accompagnement", nous renvoyons à :
- tout d'abord, P. Leboutte et M.-N. Auriol, *L'Accompagnement de Personnes handicapées pour leur Participation optimale à la Société, à ses mécanismes et à ses réseaux*, Bruxelles, CARAT Editeur, 1992 (Document de travail). Ce texte fondateur peut être considéré comme une référence de base incontournable pour tout travail sur l'"Accompagnement".
- ensuite, Ph. Caspar, "Une stratégie originale d'aide aux jeunes insuffisants mentaux : l'Accompagnement-

CARAT", *Privilège de la musique*, mai 1992, n° 43, pp. 16-20; "Un nouveau concept : l'Accompagnement des personnes mentalement déficientes", *Pages romandes, Revue d'Information sur le Handicap Mental et la Pédagogie spécialisée*, IV/1992, pp. 31-36 ; "Une stratégie originale d'intervention auprès des personnes mentalement déficientes : le "Dispositif-CARAT en Accompagnement", *Revue des Questions scientifiques*, 1992, 163 (1), pp. 45-56; "L'Accompagnement : une nouvelle stratégie auprès des jeunes adultes mentalement déficients", *Revue francophone de la déficience intellectuelle*, vol. 3, num. 2, 1992, pp. 159-169. Nous avons présenté certains outils de gestion du temps *in* Smets, M., Dumoulin, Ch., Lopez, A., Mottet, Y., Devolder, J. et Caspar, Ph., "La perception du temps par la personne mentalement déficiente adulte et l'Accompagnement", *Actes du VIIème Congrès de l'Association M.A.I.S., Le temps de l'Accompagnement*, sous presse.

72. P. Leboutte et M.-N. Auriol, *L'Accompagnement de Personnes handicapées pour leur Participation optimale à la Société, à ses mécanismes et à ses réseaux*, op. cit., p. 9.

73. *Id.*, p. 20

74. J. Dumazedier, *Révolution culturelle du temps libre : 1968-1988*, Paris : Méridiens Klincksieck, 1988.

75. L. Gagnon, *Loisirs et sports*, in *L'intervention en déficience mentale. Manuel de méthodes et de techniques*, op. cit., t. 2, pp. 237-273.

76. L'importance de la question de l'individuation des êtres dans les sciences biomédicales sur les plans épistémologique, métaphysique et scientifique est connue depuis l'Antiquité grecque : voir à ce sujet, Ph. Caspar, *L'individuation des êtres : Aristote, Leibniz et l'immunologie contemporaine*, Paris-Namur, Lethielleux-Culture et Vérité, coll. Le Sycomore, 1985; "Les fondements de l'individualité biologique", *Revue Catholique Internationale, Communio*, 1984, IX, 6, pp. 80-90; "Essai sur un principe d'individuation des êtres vivants fondé sur l'immunologie", *Revue des Questions Scientifiques*, 1984, 155, pp. 423-439; "Le problème de l'individu chez Aristote", *Revue Philosophique de Louvain*, 1986, 84, pp. 173-186; *Les bases biologiques de l'individualité humaine*, Actes du Colloque International de

Philosophie des Sciences (1984), dans *La responsabilité éthique dans le développement biomédical*, Catalyse, 1987, Bruxelles, pp. 221- 238.

77. L'individualisation du champ médical par l'Ecole hippocratique était déjà bien perçue par Platon (*Phèdre*, 198b) et par Aristote (*Métaphysique*, 981 a 22-23).

78. P. Leboutte et M.-N. Auriol, *L'Accompagnement de Personnes handicapées pour leur Participation optimale à la Société, à ses mécanismes et à ses réseaux*, op. cit., p. 25.

79. *Id.*, p. 31.

80. *Id.*, p. 30.

81. Aristote, *Physique*, 219 b 1.

82. E. Husserl, *Vorlesungen zur Phänomenologie des inneren Zeitbewusstseins*, 1893-1917, *in Husserliana*, The Hague, Martinus Nijhoff, 1966, Band X; M. Heidegger, *Sein und Zeit, Jahrbuch für Philosophie und phänomenologische Forschung*, Band VIII, 1927.

83. J.-Y. Lacoste, *Notes sur le temps. Essai sur les raisons de la mémoire et de l'espérance*, Paris, Presses Universitaires de France, coll. Théologiques, 1990.

84. Smets, M., Dumoulin, Ch., Lopez, A., Mottet, Y., Devolder, J. et Caspar, Ph., "La perception du temps par la personne mentalement déficiente adulte et l'Accompagnement", *Actes du VIIème Congrès de l'Association M.A.I.S., Le temps de l'Accompagnement*, op.cit.

Chapitre 4

*** Ce chapitre a été écrit en collaboration avec Michèle Smets et Charles Dumoulin.

85. P. Leboutte et M.-N. Auriol, *L'Accompagnement de Personnes handicapées pour leur Participation optimale à la Société, à ses mécanismes et à ses réseaux*, op. cit., p. 21.

Chapitre 5

86. Homère, *L'Iliade*, 6, 511.

87. Hérodote, *L'enquête*, 7, 125.
88. Aristote, *Du monde*, 6, 16.
89. Hérodote, *L'enquête*, 1, 15.
90. Eschyle, *Les suppliantes*, 64.
91. Euripide, *Hélène*, 274.
92. Hérodote, *L'enquête*, 2, 142.
93. *Id.*, 2, 30.
94. Prométhée est ainsi qualifié d'inexorable *in Le Prométhée enchaîné* (Eschyle, *Prométhée*, 184) alors que Tecmesse est un peu simple (Sophocle, *Ajax*, 595).
95. Platon, *La République*, 400d. Voir également Démocrite, 1406.
96. J. Lafond, *Préface aux Moralistes du XVIIème siècle, de Pibrac à Dufresny*, Paris, Robert Laffont, coll. Bouquins, 1992, p. I.
97. Erasme, *Colloques*, Bâle, Froben, mars 1622, nombreuses éd. revues et augmentées, tr. fr. par Jari-Priel, Paris, Edition du Pot Cassé, 1934 (rééd., Editions d'Aujourd'hui, Plan de la Tour, 1983, 4 t.).
98. La Bruyère, *Oeuvres complètes*, Paris, Gallimard, coll. La Pléiade, 1951.
99. Aristote, *Ethique à Nicomaque*, 1098 a 10-11, tr. fr. par R.-A. Gauthier et J.-Y. Jolif, Louvain-Paris, Publications Universitaires-Beatrice-Nauwelaerts, 1970, 4 t.
100. *Id.*, 1106 b 36-38.
101. R.-A. Gauthier, *Magnanimité. L'idéal de la grandeur dans la philosophie païenne et dans la théologie chrétienne*, Paris, Librairie philosophique J. Vrin, 1951.
102. J. Moreau, "Ariston et le stoïcisme; Rationalisme et naturalisme dans la morale stoïcienne", *in Stoïcisme-Epicurisme-Tradition hellénistique*, Paris, Librairie philosophique J. Vrin, 1979, respectivement pp. 21-42 et 43-60.
103. Grégoire de Nysse, *La profession chrétienne*, in *Ecrits spirituels*, Paris, Migne, coll. Les Pères dans la foi, pp. 15-27.
104. Cicéron, *Du destin*, I, 1 tr. fr. par A. Yon, Paris, Les Belles Lettres, coll. Budé, 1933, p. 1.
105. P. Grimal, *Préface* à Térence, *Théâtre complet*, Paris, Gallimard, coll. Folio, 1990, n° 2216, pp. 7-15.

106. Aelius Donatus, Commentaire sur *L'Andrienne*, 2, 2, 23 et Commentaire sur *Les Adelphes*, 5, 8, 35.

107. Térence, *L'Heautontimoroumenos*, v. 634-642, tr. fr. par E. Chambry, Paris, Garnier, 2 t., t. 2, 1948.

108. Erasme, *De pueris statim ac liberaliter instituendis*, tr. fr. par J.-Cl. Margolin, *Il faut donner très tôt aux enfants*, in Erasme, *Oeuvres*, Paris, Robert Laffont, coll. Bouquins, 1992, p. 489.

109. Sur tout ceci, Ph. Caspar, *Penser l'embryon d'Hippocrate à nos jours*, op. cit., pp. 115-117 et *Le peuple des silencieux. Une histoire de la déficience mentale*, op. cit.

110. En Belgique, cet effort législatif a abouti à la création, en 1963, du *Fonds National de Reclassement Social des Handicapés*, appelé encore "*Fonds Maron*", et devenu depuis peu le *Fonds Communautaire pour l'Intégration Sociale et Professionnelle des Personnes Handicapées* : voir A. Maron, *La législation concernant l'assistance offerte aux personnes déficientes mentales*, in *L'intervention en déficience mentale*, op. cit., pp. 168-178.

111. "*L'humanité elle-même est une dignité; en effet l'homme ne peut jamais être utilisé simplement comme moyen par aucun homme (...), mais toujours en même temps aussi comme une fin, et c'est en ceci précisément que consiste sa dignité (la personnalité), grâce à laquelle il s'élève au-dessus des autres êtres du monde (...)*", E. Kant, *Métaphysique des moeurs*, 2ème partie, *Doctrine de la vertu*, paragraphe 38, tr. fr. par A. Philonenko, Paris, Vrin, 1968, p. 140.

112. Erasme, *De pueris*, in *Opera omnia Deisderii Erasmi Rotterdami*, cité par Fr. Bierlaire, *Les colloques d'Erasme : réforme des études, réforme des moeurs et réformes de l'Eglise au XVIème siècle*, Paris, Les Belles Lettres, 1968, p. 46.

113. "*At ego tuum tibi advenisse filium respondeo.*", Plaute, *Captivi*, v. 899, tr. fr. par A. Ernout, Paris, Les Belles Lettres, 1933, 6 t., t. 2.

114. Le contexte, macabre, est celui des sacrifices d'enfants qui avaient lieu en Afrique en l'honneur de Saturne et qui furent interdits par Tibère : Tertullien, *Apologeticum*, par. 9. Nous suivons l'édition établie par J.-P. Wastzing, Paris, Les Belles Lettres, 1961. Des

éléments de sémantique du terme *"respondere"* chez Tertullien sont donnés par A. Blaise, *Dictionnaire latin-français des auteurs chrétiens*, Turnhout, Editions Brepols S. A., 1954, p. 718, col. 2.

115. Tertullien, *Apologeticum, op. cit.*, par. 23.

116. "... *ut a baptismate ingrediar, ..., amplius aliquid respondentes, quam Dominus in Evangelio determinavit.*", Tertullien, *De corona militis*, par. 3, P. L., t. 2, col. 70. Voir également *id.*, par. 11., col. 91.

117. "... *Invicem sibi testimonium responderent...*", Tertullien, *De carni Christi*, 1, 2, tr. fr. par J.-P. Mahé, Paris, Cerf, coll. Sources chrétiennes, 1985, n°s 216 et 217.

Chapitre 6

118. P. Wehman and S.-J. Schleien, *Leisure programs for handicaped persons*, Baltimore, University Park Press, 1981.

119. M. Smets et Ph. Caspar, Accompagnement et participation des personnes mentalement déficientes à la vie culturelle, *in "Déficience mentale, éducabilité et intégration"*, Armentières, C.A.T. Les Ateliers de la Lys, à paraître en 1994.

Chapitre 7

120. Le Contrat d'Apprentissage Professionnel (C.A.P.) est signé par la personne handicapée, par son employeur et par le FCISPPH. Sur ces notions voir *1963-1988 : vingt-cinq années de réadaptation et de reclassement social des personnes handicapées*, Bruxelles, Editions du Fonds National de Reclassement Social des Handicapés, 1988, pp. 47-49 et le chapitre 9.

121. P. Jonckheere, Le mariage ou la cohabitation des arriérés mentaux : un projet impossible ? Aspects éthiques et psychosociaux, *in La déficience mentale : causes, prévention et traitement, op. cit.*, pp. 357-369, insiste sur la pauvreté de la littérature secondaire sur ce point. Dans le

cas particulier présenté dans ce chapitre, les deux époux sont atteints d'une insuffisance mentale légère.

122. Kostoglotov, héros du premier grand roman d'Alexandre Soljenitsyne, *Le pavillon des cancéreux*, guérit, lui aussi, d'un cancer et redécouvre la vie à travers son amour pour une femme : A. Soljenitsyne, *Le pavillon des cancéreux*, tr. fr. par A. et G. Aucuturier, revue par G. Nivat, *in Oeuvres complètes*, t. 2, Paris, Fayard, 1982, pp. 11-431.

Chapitre 8

123. Aristote, *De la mémoire et de la réminiscence*, in Aristote, *Petits traités d'histoire naturelle*, tr. fr. par R. Mugnier, Paris, Les Belles Lettres, 1965.

124. M. Mishkin et T. Appenzeller, "L'anatomie de la mémoire", *Pour la Science*, août 1987, n° 118, pp. 26-36; voir également M. Trillet et B. Laurent, *Mémoire et amnésies*, Paris, Masson, 1988, pp. 6-15.

125. J.-L. Signoret, *Les troubles de la mémoire*, in M.-I. Botez, *Neuropsychologie clinique et neurologie du comportement*, op. cit., 1987, pp. 252-263.

126. S.-S. Korsakoff, "Sur une forme de maladie mentale combinée avec la neurite multiple dégénérative", in *Congrès international de médecine mentale*, Paris, Masson, 1889, pp. 395-406.

127. "Bonne revue de l'évolution clinique de ce syndrome" in J.-L. Signoret et G. Goldenberg, "Troubles de mémoire lors des lésions du thalamus chez l'homme", *Revue Neurologique*, 1986, 142, pp. 445-448.

Chapitre 9

128. Sur l'importance des problèmes de l'enseignement en Belgique, voir X. Mabille, *Histoire politique de la Belgique, Facteurs et acteurs de changement*, Bruxelles, CRISP, 1986, pp. 321-323. La loi Poullet du 9 mai 1914 avait jeté les bases d'un enseignement adapté à tout un chacun : "*Là où l'importance de la population le permet, les communes sont tenues d'organiser des classes pour enfants faiblement doués ou arriérés et pour enfants*

anormaux." En 1931, le Sénat adopte une loi proposée dès 1924 par le député Melckmans, qui prolonge la scolarité pour les *"anormaux éducables"*. Sur cette base, le docteur Edouard Abeloos fonde à l'Institut Royal pour Aveugles de Woluwé-Saint-Lambert la première classe belge pour enfants amblyopes. En 1937, la loi Missiaen stipule qu'il faut des classes spéciales pour les *"enfants retardataires et anormaux ... lorsque leur effectif le permet"*. Les deux secteurs furent individualisés par la loi-cadre du 6 juillet 1970.

129. Ce type ne comprend pas d'enseignement maternel.

130. Ce type ne comprend pas d'enseignement secondaire.

131. Chiffres communiqués par J. Devolder et Y. Mottet. (non publiés).

132. *1963-1988 : vingt-cinq années de réadaptation et de reclassement social des personnes handicapées*, *op. cit.*, p. 48.

133. *Id.*, p. 58.

ANNEXE :

SUPPLEMENT BIBLIOGRAPHIQUE

En cours de correction des épreuves, trois éléments nouveaux sont parvenus à notre connaissance.

Tout d'abord, le "Dispositif-CARAT en Accompagnement" a été décrit par P. Leboutte et M.-N. Auriol, "Un dispositif d'Accompagnement des personnes handicapées", *in Handicap et politique*, sous la direction d'Eric Bockstael, Equipage Editions, 1993, pp. 101-127.

Ensuite, l'*American Association for Mental Retardation (AAMR)* a publié une nouvelle définition de la déficience intellectuelle qui rompt radicalement avec toute classification basée sur le Q.I. En revanche, le retard mental est défini en fonction de l'environnement dans lequel l'individu vit, étudie, travaille, organise ses loisirs ou aime. Sur cette remarquable évolution des idées, voir *Mental Retardation : Definition, Classification and Systems of Supports*, Washington, AAMR Publications, 1993 (tr. fr. en cours de publication au Québec).

Signalons enfin la récente percée dans l'analyse génétique du syndrome du chromosome X fragile (voir p. 31). Voir à ce sujet A. Boue, "Le syndrome de l'X fragile, deuxième cause génétique de retard mental", *Actes des Journées d'Etude de l'AIRHM - 3 et 4 avril 1992*, Université Paris VIII-Saint-Denis, *Revue francophone de la déficience intellectuelle*, vol. 3, Numéro spécial, décembre 1992, pp. 18-21.

Une dernière précision s'impose. CARAT n'est pas un sigle, mais le nom d'une a.s.b.l. (loi de 1921) oeuvrant en faveur d'une participation maximale des personnes mentalement déficientes aux réseaux des sociétés modernes. En 1977, au moment de sa constitution, le mot

CARAT fut choisi, entre autres raisons, pour une question de facilité d'usage par les personnes mentalement déficientes. Celles-ci pouvaient facilement retenir ce terme qu'elles ne rencontraient pas dans leur vie courante. Au fur et à mesure du développement de CARAT, ce terme a reçu de l'extérieur plusieurs significations, comme par exemple "accompagner chaque Stagiaire jusqu'au dernier CARAT de son potentiel", etc. Il figure dans le titre du Dispositif d'Accompagnement préconisé par cette association.

LISTE DES TABLEAUX

Tableau 1 : Classification et distribution de la déficience mentale, p. 21.

Tableau 2 : Etiologie de la débilité mentale profonde, p. 24.

Tableau 3 : Les différents niveaux de la personne handicapée où se posent les problèmes, p. 27.

Tableau 4 : Utilisation du volet "planification de la journée" dans l'Agenda du Stagiaire, p. 88.

Tableau 5 : Le "*Répertoire d'adresses*", p. 91.

Tableau 6 : Répartition des Projets particuliers TL, p. 114.

Tableau 7 : Répartition des Projets particuliers TL directement culturels, p. 118.

Tableau 8 : Répartition des Projets particuliers indirectement culturels, p. 122.

Tableau 9 : "Comment passer l'aspirateur dans son appartement ?", p. 144.

Tableau 10 : Evolution du nombre de Contrats d'Apprentissage Professionnels supportés par le Fonds National de Reclassement Social des Handicapés de 1983 à 1988, p. 154.

Tableau 11 : Evolution du nombre de "Conventions 26" accordées par le Fonds National de Reclassement Social des Handicapés de 1982 à 1987, p. 155.

INDEX NOMINUM

Les folios en romain renvoient aux numéros de page, ceux en italique aux numéros de note.

ALBERT LE GRAND : 96
APPENZELLER T. : *124*
ARISTOPHANE : 96
ARISTOTE : 36, 56, 72, 75, 95, 96-97, 135-137; *77, 81, 88, 99, 100, 123*
AUGUSTIN : 75
AURIOL M.-N. : 7, 10, 62, 81; *7, 71, 72, 73, 78, 79, 80, 85*
AVICENNE : 100
BAILLY A. : 94
BARK-MIKKELSON : 44
BARTAK L. : *39*
BARTHELEMY C. : *38*
BERGSON H. : 19, 75
BIESTEK F.-P. : *25*
BINET A. : 19
BLAIE J.-P. : 48-51; *3, 51, 52, 54, 55, 56, 57*
BOISVERT D. : 44, 48-51; *3, 51, 52, 54, 55, 56, 57*
BOTEZ M.-I. : *125*
BRAUNER A. : *32*
BRAUNER F. : *32*
BRUNEAU N. : *38*
BURSZTEJN C. : *37*
CASPAR Ph. : 23, 71, 76, 84, *109, 119*
CICERON : 97, 105; *104*
CHANGEUX J.-P. : 31; *21*
COLEMAN M. : *33, 39*
COURIER P.-L. : 93
CRICK Fr. : *22*
CROCKER A.-C. : *42*
DEVOLDER J. : *71, 131*
DETRAUX J.-J. : *70*
DONATUS (AELIUS) : 98; *106*
DUMAZEDIER J. : *74*
DUMESNIL Fr. : *35*
DUMOULIN, Ch. : *71*
ECCLES, J.-C. : 31

ERASME : 96, 100; *97, 108, 112*
ESCHYLE : *90, 94*
ESQUIROL, Et. : 101
EURIPIDE : 95, 99; *91*
EVRARD Ph. : *9, 15, 18*
FALRET, J.P. : 101
FLYNN R.-J. : *49*
FREIRE P. : 34-37; *28*
GAGNON L. : *75*
GARREAU B. : *38*
GAUTHIER R.-A. : *101*
GIBBON L. : 45
GILLBERG Chr. : *39*
GOLDENBERG G. : *127*
GOLSE B. : *37*
GREGOIRE de NYSSE : *103*
GRENIER Y. : *47*
GRIMAL P. : *105*
GROSSMAN H.-J. : *10*
GRUNEWALD K. : *44, 48*
HECHT Fr. : *19*
HEGEL, G.W.H. : 35, 96
HEIDEGGER M. : *82*
HERODOTE : 95; *87, 89, 92, 93*
HEUYER G. : *14*
HOMERE : 94; *86*
HORACE : 105
HUSSERL E. : *82*
IONESCU S. : 34, 38-39; *1, 5, 27, 30, 31*
ITARD J.-Fr. : 33; *24*
JEROME : 98
JONCKHEERE P. : *121*
JOUVE J. : *38.*
KANNER L. : 40; *26, 34*
KANT E. : 96; *111*
KAPLAN H.-I. : *42*
KEBBON L. : *44, 45*
KOCH Ch. : *22*
KORSAKOFF S.-S. : 137; *126*
KUGEL R. : *44*
LA BRUYERE (de) J. : 96; *98*
LACOSTE J.-Y. : *83*

LAFOND J. : *96*
LANSING M.-D. : *40*
LAURENT B. : *124*
LAZURE D. : *50, 53, 58*
LEBOUTTE P. : *7, 10, 62, 81*; *7, 71, 72, 73, 78, 79, 80, 85*
LELORD G. : *38*
LOPEZ A. : *71*
LUBB : *31*
LYON G. : *9, 15, 18*
MABILLE X. : *128*
MAIMONIDE : 100
MARLOWE : 96
MARON A. : *110*
MARTINEAU J. : *38*
MENKES J.-H. : *9*
MERCIER M. : *70*
MESIBOV G.-B. : *40*
MISHKIN M. : *124*
MOLIERE : 96
MONTREUIL N. : *59*
MOTTET Y. : *71, 131*
MUH J.-P. : *38*
NIRJE B. : *44*; *2, 44, 46*
NITSCH K.-E. : *49*
O'NEILL : 96
OLSHANSKY S. : *2*
ORNITZ E.-M. : *36, 39*
PARACELSE : 100
PARE A. : 100
PARSONS T. : *52*
PERCHERON G. : 137
PERSKE R. : *2*
PICHOT P. : *12*
PINEL Ph. : 33, 101
PLATTER F. : 100
PLATON : 36, 56, 72, 95, 135-136; *29, 77, 95*
PLAUTE : *113*
POISSENOT A. : *69*
REICHLER R.-J. : *41*
RIEDER H.-R. : *32*
RIMLAND B. : 41; *36*
RITVO E.-R. : *39*

ROOS P. : *2*
RUTTER M. : *39*
SCHLEIEN S.-J. : *118*
SCHOPLER E. : *39, 40, 41*
SENEQUE : 105
SHAKESPEARE : 96
SIGNORET J.-L. : *129, 127*
SIMON Th. : 19
SMETS M. : *71, 119*
SOCRATE : 35-36, 135
SOLJENITSYNE A. : *122*
SOPHOCLE : *94*
SUTHERLAND G.-R. : 31; *19*
SZYMANSKY L.-W. : *42*
TERENCE : 96-99; *107*
TERMAN L.M. : 20
TERTULLIEN : 106; *114, 115, 116, 117*
THEOPHRASTE : 96
THOMAS D'AQUIN : 96
TRILLET M. : *124*
VOISIN F. : 101
WALLNER T. : *48*
WEHMAN P. : *118*
WOLFENSBERGER W. : 34, 44-45, 52-56, 78; *2, 4, 42, 44, 59, 60, 61, 62, 63, 64, 65, 66, 67, 68*
WOOD Ph. : 26; *11*

TABLE DES MATIÈRES

Avant-propos 7

Introduction 9

Première partie : Approche médicale et "stratégies d'intervention" 13

Chapitre 1 : L'approche clinique moderne de l'insuffisance mentale 17

    1. La déficience mentale : définition, classification et prévalence 18

    2. L'étiologie de la déficience mentale 22
        2.1. L'insuffisance mentale profonde 23
        2.2. L'insuffisance mentale légère 25

    3. Une nouvelle approche de la déficience mentale. Le point de vue de la *Classification Internationale des Handicaps : déficiences, incapacités et désavantages (1980)* 26

    4. L'emprise de la biologie moléculaire sur les neurosciences 30

    5. Conclusion 32

Chapitre 2 : Le concept moderne de "Stratégie d'intervention" 33

    1. Un paradigme pour penser l'intégration des masses marginalisées : la pédagogie de Paolo Freire 34

    2. Les "Stratégies d'intervention" dans le champ médical 37
        2.1. Le concept de "Stratégie d'intervention" : définition 38
        2.2. L'intervention individualisée dans le contexte de l'autisme de Kanner : le programme TEACCH ... 40

2.3. L'intervention dans le champ
de la déficience mentale 43
    2.3.1. La Normalisation 44
    2.3.2. Le Plan de Services Individualisé 48
    2.3.3. La Théorie de la Valorisation des Rôles sociaux.... 52

3. Conclusion 56

Deuxième partie : Le "Dispositif-CARAT en Accompagnement" : méthodes et principes....59

Chapitre 3 : Le "Dispositif-CARAT en Accompagnement" : I. *Principes de base et méthodes* 63

1. Le "Dispositif-CARAT en Accompagnement" :
une stratégie d'intervention originale en milieu ouvert 64
    1.1. L'accueil 65
    1.2. Le stage 66
        1.2.1. Les six cellules 66

        a. Orientation générale 66
        b. Formation générale 67
        c. Aide générale 67
        d. Vie professionnelle 68
        e. Temps libre 68
        f. Vivre chez Soi 69

        1.2.2. Les quatre vecteurs 69

        a. L'orientation 69
        b. L'aide 70
        c. L'entraînement 70
        d. La formation 70

    1.3. Les préalables chez la personne
mentalement déficiente 70
        1.3.1. La motivation et le décodage de la demande 71
        1.3.2. Un nouveau départ dans la vie 71
        1.3.3. Le sens du réel 72
        1.3.4. La personnalisation de la démarche 72

    1.4. L'Equipe d'Accompagnateurs 73
        1.4.1. L'organisation de l'Equipe 73
        1.4.2. Un rôle de coordination 74

1.4.3. Deux fonctions originales :
le "Garant des intérêts du Stagiaire" et le "Vendeur" 74

2. L'Accompagnement comme lieu de
restructuration de la perception du temps chez la
personne mentalement déficiente adulte 75

3. L'Accompagnement et
les autres "stratégies d'intervention" 77

4. Conclusion 79

Chapitre 4 : Le "Dispositif-CARAT
en Accompagnement" : II. *Les outils* 81

1. "66 Carats pour l'emploi" 82
2. Le "Kit sécurité" 84
3. L'"Agenda" 86
4. Le "Répertoire d'adresses" 89
5. Conclusion 92

Chapitre 5 : Le "Dispositif-CARAT
en Accompagnement" : III.*Éthique* 93

1. La bioéthique : origine du terme
et positionnement par rapport à la morale 94
    1.1. L'évolution sémantique du terme "*êthos*" 94
    1.2. L'équivalence de l'éthique et de la morale 97

2. Bref survol de l'histoire du problème des
personnes handicapées : réalités et enjeux éthiques 99

3. Les perspectives éthiques
du "Dispositif-CARAT en Accompagnement" 102
    3.1. Niveau politique 102
    3.2. Niveau individuel 103
    3.3. Niveau déontologique 103

4. L'originalité d'une pédagogie adulte :
une éducation à la responsabilité 104

5. Conclusion 107

Troisième partie : Le "Dispositif-CARAT en Accompagnement" : cas particuliers 109

Chapitre 6 : Présentation d'une cellule Temps libre . 113

   1. Répartition générale des activités
de loisirs dans la cellule Temps libre........................114

   2. Les Projets particuliers à portée culturelle 115
      2.1. Présentation schématique des dix Stagiaires
engagés dans des PP à portée culturelle 115
      2.2. Les PP directement culturels 117
      2.3. Les PP indirectement culturels 121

   3. Un lien entre les loisirs et l'entrée dans la vie
professionnelle : l'histoire de Véronique 123

   4. Conclusion 125

Chapitre 7 : Quart-Monde, déficience mentale
et Accompagnement 127

   1. Biographie 127

   2. La prise en charge d'Emile
par le "Dispositif-CARAT en Accompagnement" 129

   3. Situation actuelle 132

   4. Conclusion 133

Chapitre 8 : Troubles mentaux acquis et Accompagnement : un cas de pathologie de la mémoire 135

   1. Brève histoire des troubles de la mémoire : de la
psychologie philosophique à la clinique médicale 135
   2. L'histoire clinique de Laure 137
   3. Les étapes de la rééducation de Laure 140
   4. Intervention de la cellule Vivre chez soi 143
   5. Conclusion 145

Chapitre 9 : Déficience mentale congénitale et Accompagnement 147

    1. L'histoire de Clément et l'organisation de l'Enseignement spécial en Belgique 148

    2. L'histoire de Sophie 150

    3. L'histoire de Robert 152

    4. Le "Dispositif-CARAT en Accompagnement" et le *Fonds Communautaire d'Intégration Sociale et Professionnelle pour Personnes Handicapées* : une synergie 154

    5. Conclusion 155

Conclusion générale 157

Notes 159

Annexe : supplément bibliographique 175

Liste des Tableaux 177

Index nominum 179

Psychologie — Psychanalyse — Santé, Société et Culture

ANTHROPOLOGIE D'UNE MALADIE ORDINAIRE. Étude de la diarrhée de l'enfant en Algérie, Thaïlande, Chine et Égypte
Dominique DESJEUX, Isabelle FAVRE, Joëlle SIMONGIOVANI
La diarrhée de l'enfant est considérée depuis une vingtaine d'années comme l'une des principales causes de mortalité infantile dans le Tiers-Monde et pourtant elle n'est souvent pas perçue comme une maladie. Une équipe de chercheurs en sciences humaines s'est attachée à comprendre les raisons cachées de l'écart entre l'efficacité d'un traitement contre une maladie et son adoption limitée autant par les familles que par les médecins.
(Coll. Nutrition et Santé, 256 p., 140 F)   ISBN : 2-7384-1979-8

LE CERVEAU : LA MACHINE-PENSÉE
Denys de BECHILLON (éd.). E. MORIN, R. DADOUN, J.-D. VINCENT, E. PACHERIE, D. LECOURT, J.- F. LAIREZ, J. PITRAN, B. AMORIEU
Penser le cerveau qui nous pense: penser aussi le Sujet pensant. Le développement des neuro-sciences nous, astreint chaque jour un peu plus à la discipline d'un regard proprement réflexif, et nous impose la prudence. Fausses portes, réductionnismes, connaissances souveraines, toutes les facilités nous sont offertes pour
tendre vers l'échec si rassurant d'une conception partielle et impériale de l'être humain. En explorant diverses approches du cerveau et de la pensée, philosophes, psychanalystes, neuro-biologistes et spécialistes de l'intelligence artificielle tentent d'ouvrir les portes d'un dialogue véritable.
(142 p., 80F)   ISBN: 2-7384-1818-X

LE CORPS DISPERSÉ. Une histoire du corps au XXème siècle
Bernard ANDRIEU
L'histoire de nos attitudes corporelles est le résultat d'une lutte d'influence entre les trois grands courants de pensée du XXème siècle: la psychanalyse, la phénoménologie, les sciences cognitives. Chaque courant aura constitué son analyse du corps humain autour d'un seul modèle: l'image du corps pour la psychanalyse, le corps vécu pour la phénoménologie, le cerveau/ordinateur pour les sciences cognitives. Ce livre propose des itinéraires dans ce corps dispersé par le développement des sciences humaines.
(Coll. Santé, Sociétés et Cultures, 220F, 450 p)   ISBN: 2-7384-2220-9

LE CORPS DANS LA PSYCHÉ. La psychothérapie de relaxation
Sous la direction de Marie-Lise ROUX et de Monique DECHAUD-FERBUS
Ce livre parle du lien étroit entre corps et psychisme. Certaines personnes présentent une défaillance de ce lien entre le somatique et le psychique. La psychothérapie de relaxation s'adresse plus particulièrement à ces personnes. On trouvera ici un écho des investigations

actuelles des psychanalystes et psychothérapeutes à partir de leur clinique.
(Coll. Santé, Sociétés et Cultures, 183 p., 110 F)   ISBN : 2-7384-2093-1

LE CORPS EN SOUFFRANCE. Une anthropologie de la santé en Corse
Marie-Françoise POIZAT-COSTA. *Préface de François LAPLANTINE*
La consommation médicale en Corse est une des premières de France, sinon du monde. A travers elle, l'auteur se pose la question du corps méditerranéen. Pour comprendre cette surconsommation, il est nécessaire de faire une anthropologie du corps. Celle-ci, à travers une anthropologie de la maladie, nous conduit à une anthropologie culturelle et politique.
(Coll. Santé, Sociétés et Cultures, 127 p., 85 F)   ISBN : 2-7384-1976-3

LA CRÉATION DU MONDE PAR LE TOUT-PETIT
Maurice RINGLER
Lorsqu'il vient au monde, le nourrisson ne sait rien encore des personnes qui l'entourent. Il lui faudra créer de toutes pièces son corps, les Autres et les divers objets qui l'environnent, afin de pouvoir réellement naître à lui-même. C'est l'aventure de la conscience et la naissance progressive du désir de liberté que raconte ce livre. Il essaie de faire sentir le déploiement de cette activité la plus fondamentale de la vie, celle de créer et d'inventer des formes et des perspectives toujours renouvelées.
(Coll. Psychologiques, 175 p., 90 F)   ISBN : 2-7384-1643-8

LES ÉTATS-LIMITES
Collectif. Préface de Jean BERGERET
Fragiles, en danger, guettés par la dépression ou l'explosion pulsionnelle, les sujets classés "états-limites" ont acquis au fil des années une "authentique notoriété". Ils ont bousculé les idées reçues, joué des coudes et construit définitivement leur place.
Ces sujets classés états-limites posent de façon inéluctable une question fondamentale : quelles capacités de changement et de transformation existe-t-il chez eux ?
(Éditions Findakly, diffusion L'Harmattan. 395 p., 180 F)
ISBN : 2-86805-016-6

LES FANTÔMES DE L'ÂME. À propos des héritages psychiques
Claude NACHIN
Entre les théories qui affirment sans preuve l'hérédité des troubles mentaux et celles qui mettent l'accent exclusivement sur le rôle de l'éducation, cet essai sur les «Fantômes de l'âme» montre l'importance de l'héritage psychique précoce des effets des deuils et des traumatismes non surmontés des ascendants sur leur descendance à travers plusieurs générations. Il évoque également la place des revenants et des fantômes dans l'histoire des pays occidentaux. Il tente enfin de préciser la métapsychologie du travail du fantôme dans l'inconscient et d'aborder les particularités de la cure psychanalytique de ces patients.
(Coll. Psychanalyse et Civilisations. 212 p., 120F)   ISBN: 2-7384-15784

FERENCZI ET L'ÉCOLE HONGROISE DE PSYCHANALYSE
Éva BRABANT-GERÖ
L'école hongroise, issue des interrogations et des recherches de Ferenczi, a fortement marqué la pensée psychanalytique contemporaine. Les préoccupations majeures des analystes hongrois des années 30 – le rapport entre le corps et la culture, entre la mère et

l'enfant... – demeurent au centre de notre intérêt en cette fin de siècle. L'ouvrage d'Éva Brabant-Gerö relate à la fois l'histoire du groupe, la trajectoire individuelle de ses participants et l'évolution de leur pensée, évoquant la Hongrie du début du siècle jusqu'à 1948. Son enquête apporte des éléments nouveaux sur l'histoire de la psychanalyse tout en enrichissant des idées.
(Coll. Psychanalyse et civilisations, 317 p., 170 F)   ISBN : 2-7384-1974-7

L'HYPNOSE, SUGGESTION ET AUTOSUGGESTION
Michel LARROQUE
Reléguée au silence par la psychanalyse, l'hypnose doit aujourd'hui se redéfinir dans la continuité de son champ clinique et à l'éclairage de l'évolution actuelle, notamment du renouveau Ericksonien. Michel Larroque analyse ici avec pertinence l'évolution de ce grand courant de l'hypnose, ses relations avec les autres modes thérapeutiques, et la dimension philosophique de ses applications cliniques.
(Coll. Psychologiques, 171 p., 80 F)   ISBN : 2-7384-1829-5

L'INJURE À FLEUR DE PEAU
Évelyne LARGUECHE
C'est d'abord celle qui colle à la peau de chacun : l'injure dite "raciste".
C'est aussi celle qui apparaît à fleur du droit du sang et du droit du sol : "Injuria sanguinis", "Injuria soli". L'injure à fleur de peau c'est enfin celle qui interroge l'"intention de nuire dans ses rapports avec l'inconscient". Trois approches intriquées qui tout en se situant dans une perspective psychanalytique élargissent
le champ d'investigation en s'attaquant à ses frontières, "à sa peau" zone de sensibilité où surgissent des questions d'une brûlante actualité.
(Coll. Santé, Sociétés et Culture, 188 p., 90 F)   ISBN : 2-7384-1882-1

MALADIES, MÉDECINES ET SOCIÉTÉS. Approches historiques pour le présent (2 vol.)
Sous la direction de François-Olivier TOUATI
Cet ouvrage collectif offre un panorama étendu dans le temps (du Néolithique à nos jours) et dans l'espace (Europe, Afrique) des différentes méthodes mises en œuvre et des thèmes actuellement abordés par l'ensemble des sciences humaines concernant l'étude des relations entre les maladies, les médecins et les sociétés.
Tome 1 : 294 p., 200 F
Tome 2 : 338 p., 200 F   ISBN : 2-7384-2063-X

PAROLES AU CORPS. Essai
Claude BOCHURBERG
L'être pourrait s'arracher à lui-même au moyen de "la parole-geste". C'est ce que Claude Bochurberg, fort d'une authentique culture humaine et philosophique vise à démontrer dans cet ouvrage, de manière subtile et cohérente. Il fallait, pour oser cette aventure, briser l'enfermement dans lequel on confine l'ostéopathie. Et l'auteur, se plaçant dans une double perspective physiologique et ontologique, a bien réussi un difficile pari : hisser la médecine manuelle, ostéopathique, au rang d'une catégorie philosophique.
(142 p., 80 F)   ISBN : 2-7384-1855-4

LA PERCEPTION QUOTIDIENNE DE LA SANTÉ ET DE LA MALADIE. Théories subjectives et représentations sociales
Sous la direction d'Uwe FLICK. Préface de Serge MOSCOVICI
Quelles représentations, sociales ou subjectives, les gens ont-ils de la maladie ou de la santé ? De quoi dépendent-elles ? La perception quotidienne de la maladie et de la santé ne détermine pas seulement le comportement quotidien mais influe également de façon décisive sur le succès du traitement thérapeutique. Son étude apporte des éclaircissements sur la compréhension subjective de la santé et de la maladie dans la vie quotidienne et des idées pour le traitement des maladies, notamment chroniques ou devenues guérissables.
(Coll. Santé, Sociétés et Cultures, 398 p., 190F) ISBN: 2-7384-1539-3

PSYCHOLOGIE CLINIQUE ET INTERROGATIONS CULTURELLES
Sous la direction de Micheline REY-VON ALLMEN
Quel est le soutien psychologique et thérapeutique que les psychologues travaillant dans le champ éducatif peuvent offrir aux enfants, aux jeunes et aux familles de cultures différentes ? Et que faut-il penser des tests psychopédagogiques lorsqu'on s'adresse à des élèves dont les compétences linguistiques et culturelles, de même que les rapports à l'école, peuvent être différents de ceux de la communauté de référence ?
(Coll. Recherches Universitaires et Migrations, 375 p., 180 F)
ISBN : 2-7834-1833-3

PSYCHOLOGUES ET THÉRAPEUTES. Sciences et techniques cliniques en psychologie
Loick M. VILLERBU
La démarche clinique en psychologie a contribué à entretenir une révolution silencieuse des types et des modes d'action des psychologues. Les concepts, les méthodes et les dispositifs y ont acquis une telle spécificité qu'il est possible de parler des sciences et techniques des cliniciens psychologues, se différenciant des modèles issus des pensées expérimentales et génétiques ou psychanalytiques. En prenant comme exemple l'école, le cabinet de consultation, l'hôpital psychiatrique et la rue, l'auteur pose les premiers éléments de compréhension d'une nouvelle axiomatique et évalue en détail les principales procédures thérapeutiques.
(Coll. Psychologiques, 205 p., 110 F) ISBN : 2-7384-1904-6

REGARDS SUR LA FOLIE. Investigations croisées des sciences de l'homme et de la société.
Sous la direction de Bernard DORAY et Jean-Marc RENNES
Toute une série de thèmes sont traités ici : la citoyenneté des "malades mentaux", la désagrégation, les évolutions et stagnations institutionnelles, les représentations sociales de la folie et les diversités culturelles, l'épidémiologie, les problèmes de l'évaluation, la recherche clinique, les situations de travail, etc.
Une diversité dont l'ambition est de s'efforcer de couvrir l'essentiel du champ de la psychiatrie et de la santé mentale.
(Coll. Logiques Sociales, 438 p., 240 F) ISBN : 2-7384-1019-7

LIBRAIRIES

16, rue des Écoles, 75005 PARIS
Tél. : 43.26.04.52
Fax. : 43.29.86.20

AFRIQUE - OCÉAN INDIEN
ANTILLES - MONDE ARABE - ASIE
ESPAGNE - PORTUGAL
AMÉRIQUE LATINE

21, rue des Écoles, 75005 PARIS
Tél. : 46.34.13.71

LITTÉRATURE FRANÇAISE
ARTS - POÉSIE - THÉÂTRE
HISTOIRE
RÉGIONALISME - POLITIQUE
SOCIOLOGIE

Métro : Maubert-Mutualité et Cardinal Lemoine
Heures d'ouverture : du lundi au samedi : 10 h - 12 h 30 et 13 h 30 - 19 h

653829 - Mai 2016
Achevé d'imprimer par